期货投资者教育系列丛书

白银期货

中国期货业协会　编

中国财政经济出版社

图书在版编目（CIP）数据

白银期货／中国期货业协会编．—北京：中国财政经济出版社，2015.1（2023.3 重印）

（期货投资者教育系列丛书）

ISBN 978－7－5095－5955－0

Ⅰ.①白… Ⅱ.①中… Ⅲ.①白银－期货交易－基本知识 Ⅳ.①F830.9

中国版本图书馆 CIP 数据核字（2014）第 310390 号

责任编辑：耿　伟　　　　　　　责任校对：王　英
封面设计：徐广山　　　　　　　版式设计：董生萍

中国财政经济出版社 出版

URL：http：//www.cfeph.cn

E－mail：cfeph＠cfeph.cn

（版权所有　翻印必究）

社址：北京市海淀区阜成路甲 28 号　邮政编码：100142
发行处电话：010-88191537　财经书店电话：64033436
北京财经印刷厂印刷　各地新华书店经销
787×1092 毫米　16 开　15.5 印张　237 000 字
2015 年 1 月第 1 版　2023 年 3 月北京第 5 次印刷
定价：35.00 元
ISBN 978－7－5095－5955－0/F·4797
（图书出现印装问题，本社负责调换）
本社质量投诉电话：010－88190744
打击盗版举报热线：010－88191661，QQ：2242791300

期货投资者教育系列丛书编委会

编委会主任：刘志超
编委会副主任：侯苏庆　彭　刚　孙明福
编委会委员：陈冬华　刘国强　高永红　高　军
　　　　　　裘一平　甘正在　刘国平　王长松
　　　　　　姚　广

主　　编：刘志超
执行编委：余晓丽　刘保宁

本书编写人员

高　军　梁永慧　张玉龙　李晓杰　温凯迪　闫希辉

总 序 言

近年来,在党中央国务院的正确领导下,随着《国务院关于推进资本市场改革开放和稳定发展的若干意见》的深入贯彻落实,我国期货市场取得了稳步较快发展的良好局面。但是由于当前我国期货市场"新兴加转轨"的特征依然突出,市场制度和结构仍存在缺陷,风险防范和化解的自我调节机制尚未完全形成,市场主体发育不成熟,我国期货市场的整体波动和投机性仍较强,这些都对期货市场的改革发展提出了新的挑战。

与此同时,在新的市场环境和对外开放的条件下,随着我国期货市场规模的不断发展壮大,国内市场与国际市场的联系日趋紧密,影响期货市场运行的外部因素也更为多样化和复杂化,由美国次级债危机引发的国际金融市场动荡不安,国内外商品市场价格频繁而剧烈的波动,都增加了期货市场风险控制和日常监管的难度,给我国期货市场的稳定、健康的运行带来了新的挑战。

在这样一个新的形势下,期货市场的持续活跃和规范运作吸引了许多新的市场参与者,期货市场的开户数快速增长,特别是新入市的个人投资者比重较大且呈持续上升趋势。大宗商品和资产价格的频繁剧烈波动也使越来越多的企业开始意识到利用期货市场进行风险管理的重要性。但是由于对期货市场的交易特点和运行机制缺乏详细了解,同时风险意识淡薄,受期货高杠杆、高回报的诱惑,而忽视了期货的高风险特征,导致非理性投资行为上升,产生了不必要的损失。投资者是期货市场的重要主体,期货市场的发展离不开投资者的积极参与,特别是成熟投资者的参与。因此,在当前我国期货市场的快速发展时期，做好投资者教育工作更加意义深远。

做好投资者教育工作，既是保护投资者合法权益、促进期货市场稳步发展的客观需要，也是加强我国期货市场建设、促进市场稳定运行的关键环节。持续不断地开展行之有效的投资者教育活动，使投资者了解期货高杠杆、高风险的特点，了解期货市场的产品及交易规则，减少投资者的盲目性，特别是牢固树立"买者自负"的风险意识，从而理性参与期货交易，增强投资者的自我保护能力，才是对投资者最好、最有效的保护。同时，通过投资者教育，有助于投资者客观、正确地认识和参与期货市场，可以进一步促进培育诚实守信、理性健康的市场文化，促进期货市场功能的有效发挥和市场的平稳有序运行。期货市场的投资者教育工作任重而道远，是一项长期的、系统性的工程，需要持之以恒地开展下去。

近年来，围绕投资者教育工作，期货市场的监管部门、自律组织与中介机构都深入进行了形式多样、内容丰富和卓有成效的大量工作。由中国期货业协会组织编写的这一套《期货投资者教育系列丛书》就是协会按照中国证监会的统一部署，贯彻落实期货投资者教育工作的重要措施之一。该丛书作为期货市场第一套系统介绍我国上市期货品种的投资者教育普及读物和中国期货业协会期货投资者远程教育学院课程的基础性教材，以广大普通投资者为服务对象，兼顾了现货企业等专业机构的需求。本套丛书在体例上采取简单明了的问答体例，在语言上深入浅出，通俗易懂，可读性强。在内容上，丛书以"风险教育"为主线，不仅对国内上市的期货品种基本知识和交易规则进行了详细介绍，更从期货品种相关的现货生产、加工、贸易和消费等产业链的各个环节对该产品的特性进行了系统介绍，从而使得投资者能够得到更加全面、深刻的理解。同时，丛书还选取了大量包括套期保值、套利交易等典型实务操作案例，作为投资者了解和学习该产品的辅助材料，充分体现了丛书的实用性和可操作性特点。衷心希望本丛书的出版能够为期货投资者了解期货市场，树立风险意识，理性参与交易提供有益的帮助。

姜 洋

目 录

第一章　了解白银　/ 1

　　一、白银的物理特性是什么？ / 1

　　二、白银的化学特性是什么？ / 2

　　三、白银的用途有哪些？ / 4

　　四、为什么白银在历史上曾经扮演过货币的角色？ / 9

　　五、黄金与白银之间的比价关系如何？ / 13

　　六、布雷顿森林体系解体后白银的非货币化过程是如何完成的？ / 15

　　七、白银的实物投资方式有哪些？ / 19

　　八、白银衍生品的投资方式有哪些？ / 23

　自测题 / 30

第二章　白银的供给与需求　/ 34

　　一、全球白银资源的分布情况是什么样的？ / 34

　　二、全球白银的供给情况是怎样的？ / 36

　　三、全球白银的消费由哪些部分构成？ / 40

　　四、新中国白银工业发展历史是什么样的？ / 44

　　五、我国白银资源分布有什么特征？ / 44

　　六、我国银矿床的主要类型是什么？ / 46

　　七、我国白银供给情况是什么样的？ / 48

八、我国白银的需求构成和前景如何？ / 49

九、我国白银进出口贸易情况是什么样的？ / 54

自测题 / 57

第三章　如何投资白银期货 / 60

一、全球主要的白银现货及衍生品市场有哪些？ / 60

二、我国白银期货市场的发展历程是怎样的？ / 65

三、上海期货交易所上市的白银期货合约基本规则如何？ / 68

四、白银T+D与白银期货合约的交易规则有什么差异？ / 70

五、白银期货价格的波动特征如何？ / 72

六、白银期货单向大边保证金制度是如何规定的？ / 73

七、白银期货的收盘价与结算价有什么区别？ / 74

八、白银的限仓和大户报告制度是如何规定的？ / 75

九、什么是白银期货的连续交易？ / 76

十、白银期货的交易流程是怎样的？ / 77

十一、白银期货的连续交易在什么时候结算？ / 79

十二、所有市场参与者都可以参与白银期货交割吗？ / 80

十三、白银期货交割仓库和白银质量检验机构有哪些？ / 80

十四、白银期货实物交割期买卖双方都需要做哪些准备？ / 81

十五、白银期货的交割品牌有哪些？ / 82

十六、白银期货标准仓单是如何生成的？ / 85

十七、白银期货标准仓单如何流转？ / 88

十八、参与白银期货交割需要注意哪些问题？ / 89

十九、什么是溢短和磅差？ / 91

二十、交割结算价与交割费用是如何规定的？ / 92

二十一、出现交割异议和交割违约应该怎么处理？／93

自测题 ／94

第四章　影响白银价格的主要因素　／97

一、与其他贵金属市场相比，白银市场有什么样的
特征？／97

二、主导白银价格的是金融属性还是工业属性？／99

三、影响白银价格的主要因素有哪些？／100

四、国际宏观经济形势对白银价格的影响如何？／104

五、全球主要经济体货币政策对白银价格的影响
如何？／106

六、美联储货币政策如何影响白银价格？／107

七、美元走势与白银价格的长期关系如何？／111

八、通货膨胀与白银价格有什么样的关系？／112

九、为什么美国非农就业数据发布时银价往往
会剧烈波动？／113

十、国际地缘政治局势如何影响白银价格？／118

十一、原油与白银价格的长期相关关系是怎样的？／121

十二、有色金属价格波动对白银价格产生什么
影响？／122

十三、短期资金流动对银价的波动性有什么样的
影响？／123

自测题 ／126

第五章　白银期货投机交易　／128

一、白银价格的波动性与其他商品期货相比有什么样的
特点？／128

二、白银期货投机交易中的资金管理为什么特别
重要？／129

三、白银期货投机交易的准备工作都有哪些？／130

四、白银期货投机常见的方法都有哪些？／131

五、如何选择白银期货的入市时机？／134

六、白银期货投资的技术分析方法有哪些？／135

七、白银期货投机交易中如何做好资金和风险管理？／142

自测题 ／143

第六章　白银企业对冲策略　／145

一、什么是对冲？／145

二、白银企业为什么要进行对冲？／146

三、与其他商品期货相比，白银对冲保值的主要特点有哪些？／148

四、白银企业如何设计套期保值运营架构？／149

五、白银产业链各企业风险点有哪些？／153

六、什么是企业的风险敞口？／155

七、白银矿山型企业如何进行风险对冲？／156

八、白银产业链下游终端消费类企业如何进行风险对冲？／159

九、白银冶炼、精炼及贸易类企业如何进行风险对冲？／162

十、白银企业对冲过程中面临的风险有哪些？／167

十一、如何评估套期保值效果？／172

十二、套期保值的会计处理原则是什么？／175

自测题 ／179

第七章　白银期货套利交易　／182

一、什么是白银期货的套利交易？／182

二、白银期货套利与投机有区别吗？／184

三、白银期货套利与价差有什么关系？／185

四、白银套利的特点是什么？／186

五、白银期现套利的合约如何选择？／187

六、白银期现套利如何操作？／188

七、如何评估白银期现套利的风险？／190

八、白银跨市套利的成本如何计算？／191

九、白银跨市套利有哪些风险？／196

十、如何进行白银跨期套利？／196

十一、白银与黄金跨品种套利的基础是什么？／198

十二、白银与黄金套利如何操作？／201

十三、白银与黄金套利交易有什么风险？／202

十四、白银套利交易过程中需要注意什么问题？／204

自测题／207

第八章　白银期货交易风险管理　／210

一、白银期货市场风险有哪些？／210

二、白银期货市场产生风险事件的主要原因是什么？／212

三、白银期货风险管理有哪些特点？／214

四、白银期货投资失败的主要原因是什么？／215

五、白银期货市场投资如何进行风险防范？／216

六、控制白银期货交易风险的主要措施是什么？／220

自测题／221

附录1　关于进一步加强中央企业金融衍生业务监管的通知／223

附录2　企业会计准则第24号——套期保值／227

后记／235

第一章

了解白银

> **本章要点**
>
> 通过阅读本章,可以对投资对象——白银的基本情况有一个初步了解。了解白银、熟悉白银市场是投资白银的第一步,也是把握现代金融市场脉搏的关键一步。
>
> 白银之所以能够吸引投资者的关注,成为投资组合中的重要组成部分,不仅因为白银本身具有独特的自然属性、商品属性和金融属性,而且还因为国际国内白银市场的运行方式也为广大投资者提供了良好的投资机会。

 一、白银的物理特性是什么?

白银,也就是我们平时所说的银子,化学符号是 Ag,来自拉丁文

Argertum，是"浅色、明亮"的意思，因为白银的颜色是白色，所以被称为"白银"。

纯净的银颜色为白色，具有金属光泽，相对原子质量107.87，密度10.50克/立方厘米（在20℃情况下），熔点960.5℃，沸点2 210℃。纯银质软，有良好的柔韧性和延展性，延展性仅次于金，能压成薄片，拉成细丝，1克银可拉成1 800米长的细丝，可轧成厚度为1/100 000毫米的银箔。但是，银掺有杂质后会变硬，颜色呈灰色、红色。银具有良好的导电性和导热性，是所有金属中导电性和导热性最好的金属。银对光的反射性也很好，反射率可达到91%。

二、白银的化学特性是什么？

银，原子序数47，在自然界中有单质形态存在，但绝大部分是以化合物的形态存在。白银的化学稳定性较好，在常温下不氧化，但长久暴露在空气中，则和空气中的硫化氢化合，表面变成黑色，形成黑色的硫化银。常温下卤素能与银缓慢地化合，生成卤化银；白银还能与氧化性较强的浓硝酸和浓盐酸产生化学反应。在所有贵金属中，银的化学性质最活泼，它能溶于硝酸生成硝酸银；易溶于热的浓硫酸；在盐酸和"王水"中表面生成氯化银薄膜；与硫化物接触时，会生成黑色硫化银。银粉易溶于含氧的氰化物溶液和含氧的酸性硫脲液中。银具有很好的耐碱性能。银在化合物中呈一价形态存在，可与多种物质形成化合物。

> **延伸阅读**

日常生活中如何辨别白银真假?

不论是作为金属货币,还是生活装饰品,白银历来备受人们的喜爱,即使是在只有纸币流通的今天,人们仍习惯使用"真金白银"来作为货币的形容词,对白银的购买热情,也从未衰减。但是,在购买白银的时候,消费者需要注意鉴别白银的真假,以免上当受骗。通常鉴别白银真假的方法有以下几种:

1. 颜色判断。颜色判断一种是火烧法,如果是真白银,经火烧烤后银色不变;若是假白银,或者低品级白银,烧烤后则会变黑。另一种方法是硝酸测试法,在银饰品表面滴几滴硝酸,一会儿后抹去,如果饰品表面仍是银白色,这说明含银量相当高;若是银含量低的饰品,则会呈灰黑色。

若用眼力来识别白银饰品成色及真假,成色高的看上去洁白、细腻、有光泽,并在首饰上印有厂家、店号等标记;成色低的,色呈微黄,做工粗糙,而且假的银首饰色泽灰暗,不够光洁。

2. 声响判断。由于白银比较柔软,如果抛落在坚硬物体上,发出的声响是疲软的;如果是其他金属,则发出清脆的声响。

3. 比重判断。白银的比重为10.5,比其他金属或合金都大得多,同等体积下可以测量比重情况进行辨别。

4. 折弯法。用双手折弯,如果是成色高的白银,易弯而不易断;如果是质次的,折弯时则感觉较硬,或只能勉强折动,有的甚至无法折动。如果是外包银,经折弯或用锤子敲几下会裂开,并且假的经不起折弯,易断裂。银首饰成色越高质地越柔软,表面越洁白光润。以60克左右的银镯子为例,如用手一拉就开,没有弹力,其成色在95%左右;如果有点弹力,成色约在80%~90%;若弹力较大,成色则在70%以下。

5. 茬口测试。把银饰品横向剪断一半,观察其颜色。如果断口雪白而绵,成色在98%左右;若断口粗而柔,稍带微红,成色在95%左右;

用手弯折较硬，若断口白而带灰，或略有微红，成色在90%左右；弯折硬度较大，若断口淡红色，黄中带灰色者，成色在80%左右；弯折坚硬，若断口微红、微黄、土黄等色，成色在70%左右；若断口红中带黑，黄中带黑，成色在60%左右。

6. 银药剂抹试。银药，又名吃银虎，是用95%以上成色的白银面和水银调和而成的软体状物。将银饰品在试金石上磨出银道后，在银道上涂抹银药，成色越高，挂银药越多，假的则完全不挂银药。

另外，如果购买银首饰，通常还从以下四个方面进行质量挑选：(1) 看焊接，有的银饰品是经过焊接而成的，因此要看焊接是否干净利落，有无假焊或开焊现象；(2) 看光亮度，要求镀色纯正，光亮度强；(3) 看镶面，首饰是否牢固、周正；(4) 看勾爪，要看勾爪有无毛刺，是否扎手、刮衣服，佩戴是否方便。

三、白银的用途有哪些？

日常生活中，我们最熟悉的白银制品主要是银元、银首饰、银餐具等。除此之外，由于白银特有的物理化学特性，它还是重要的工业原料，广泛应用于电子电气、感光材料、医药化工、消毒抗菌、环保、白银饰品及制品等领域。随着全球电子工业、航空工业、电力工业的大发展，近年来，白银的工业需求正稳步快速增长，有数据表明，工业用银占了白银开采总量的70%。

（一）电子电器材料

电子电器是用银量最大的行业，其使用分为电接触材料、复合材料和焊接材料。目前，全世界银和银基电接触材料年产量约为2 900~3 000吨。

银的导热性和导电性在金属中名列前茅。银丝可用来制作灵敏度极高的物理仪器元件,各种继电器中重要的接触点的接头就是用银制作的,无线电系统中重要的元件在焊接时也要用银作焊料。

各种自动化装置、火箭、潜水艇、计算机、核装置以及通讯系统,所有这些设备中都有大量的接触点,在使用期间,每个接触点要工作上百万次。为了能承受这样严格的工作要求,接触点必须耐磨,性能可靠,还必须能满足许多特殊的技术要求,而这些接触点一般就是用银制造的,如果在银中加入稀土元素,性能就更加优良,用这种加稀土元素的银制作的接触点,寿命可以延长好几倍。

(二)感光材料

卤化银感光材料是用银量最大的领域之一,目前生产和销售量较大的几种感光材料是相纸、X 光胶片、摄影胶卷、荧光信息记录片、电子显微镜照相软片和印刷胶片等。

20 世纪 90 年代,世界照相业用银量大约在 6 000~6 500 吨之间,近年来由于电子成像、数字化成像技术的发展,使卤化银感光材料用量有所减少,但卤化银感光材料的应用在某些方面尚不可替代,仍有很大的市场空间。

卤化银感光材料的大量应用使之成为银的二次资源的源泉,如医用 X 光胶片需要存档,在一些国家规定,儿童的 X 光胶片要保存到成年,这些胶片应用了大量的银,仅美国各大医院保存的 X 光胶片预计占用银量就达 3 000~4 000 吨。

采用缩微技术可节约用银,在制造摄影胶卷和相纸中,卤化银的用量占 25%,而且所用的银可以百分百从废物中重新获得。曝光和处理过的胶片和相纸中,约 90% 的银可以回收再利用。虽然对 X 光胶片来说,银的损耗和回收情况是一样的,但是曝光过的胶片中只有 40% 的银可以被回收利用。

(三)工艺饰品

银具有诱人的白色光泽,较高的化学稳定性和收藏观赏价值,深受人们,特别是女士青睐,因此有"女人的金属"之美称。它还广泛用作首饰、装饰品、银器、餐具、礼品、奖章和纪念币,并且银质纪念币设计精美,发行量少,具有保值增值功能,深受钱币收藏家和钱币投资者的青睐。

延伸阅读

苗族银饰

银饰作为一种文化现象在历史上曾被许多民族青睐,成为多元文化交流的载体之一。在这一载体中,融合有来自南方少数民族的"耳档",起源于北方少数民族的"跳脱",以及从古代饰物中沿袭而来的"步摇"、"五兵佩"和中国传统的龙、凤、鳞纹样等。

进入苗族社会的银饰决不单纯表现为某个民族专有的艺术形态,而是一个不折不扣的混合体。苗族银饰的种类较多,从头到脚,无处不饰,有头饰、胸颈饰、首饰、衣饰、背饰、腰坠饰和足饰。头饰包括银角、银扇、银帽、银围帕、银飘头排、银发簪、银插针、银顶花、银网链、银花梳、银耳环、银童帽饰等。胸颈饰包括:银项圈、银压领、银胸牌、银胸吊饰等。首饰包括银手镯、银戒指。衣饰包括银衣片、银围腰链、银扣等。背饰包括银背吊、银背牌等。腰坠饰包括银腰带、银腰吊饰等。足饰为扭丝状,儿童佩戴用来避邪。

苗族银饰由苗族银匠精心做成,据说已有千年历史。制作银饰费工极大,有的要经过多程序的加工,如制银索,要将银拉成细如头发的银丝,然后集数十根银丝编成每面都呈"人"字形的六棱银索,需要银银匠有很好的视力;再如一付银角需要200多片银花焊接而成,而每一片都是要经过手工编制和焊接一点点完成的。苗族银饰锻制工艺是世代相传的,由于生产条件的限制,苗族工匠对银饰的加工过程全靠手工,因而练就了高明的手工工艺能力,使得苗族的银饰每一件都是独一无二的精工之作,有很高的艺术价值和收藏价值,并以其多样的品种、奇美的造型与精巧的工艺,不仅向人们呈现了一个瑰丽多彩的艺术世界,而且也展示出一个有着丰富内涵的精神世界(见图1-1)。

苗族银饰特征以大为美、以重为美、以多为美。值得一提的是,从贵州省博物馆所藏不同时期的银饰比较情况看,苗族银饰追求大、重、多的脚步始终没有停止,特别是在20世纪80年代以后,苗族银饰的发展

图1-1 苗族银饰

速度更为空前,这也从一个侧面反映出苗族群众生活水平的不断提高。

传统的苗族银饰品,蕴涵着苗族图腾、巫术、民俗等方面的文化记忆。苗族先民相信银饰具有驱邪、解毒和祛病的功能,在盛大的节日仪式上,苗族姑娘都要把银饰佩戴起来与盛装相配,拥有众多银饰盛装的苗族姑娘充满自豪感。

(四) 医学应用

外科用银主要是针灸用银针、银线缝合伤骨和结缔组织、银引流管。此外,与铜、锡等制成合金,用于牙齿的修补填充材料。银还可以用在胎儿畸形生前诊断和病态监测、致病生理的变化、遗传病染色体的诊断、荷尔蒙和尿中多肽水平的鉴别和药物治疗的评估。在医学领域,银的使用范围很广。

(五) 抗菌材料

公元前300多年,希腊王国皇帝亚历山大带领军队东征时,受到热带疟疾的感染,大多数士兵得病死亡,东征被迫终止,但是皇帝和军官们却很少染疾。这个谜团直到现代才被解开,原来皇帝和军官们的餐具都是用银制造的,而士兵的餐具都是用锡制造的。据研究,这是由于有极少量的银以银离子的形式溶于水,银离子能杀菌,每升水中只需含有一千亿分之二克的银离子，便足以使大多数细菌死亡。古埃及人在两千多年前，也已知道把银片覆盖在伤口上，进行杀菌。现代，人们用银丝织成银"纱布"，包扎伤口，用来医治某些皮肤创伤或难治的溃疡。我国内蒙古一带的牧民，常用银碗盛马奶，可以长期保存而不变酸，也是因为银具有杀菌作用。

在家居环境中，随着白银抗菌性的作用正逐步被应用，需求也将有所增长。目前一些服饰、洗衣机和烘干机已经使用抗菌性银和纳米碳颗粒技术。空气清洁器、空调和水过滤系统均是家居常备用品，预计将成为白银应用新的增长点。白银的抗菌技术几乎可应用于所有领域，例如自来水龙头、桌椅表面以及电灯开关等。

小贴士

白银主要的计量单位及关系

国际白银计量单位主要是：盎司、克、千克（公斤）、吨等，我们常看到的世界白银价格都是以盎司为计价单位。盎司是国际上常用的计量单位，分常衡和金衡制两种。

常衡制盎司是一种质量单位，英语ounce的译音，（缩写oz），我国香港地区译作安士，等于28.3495克。

金衡盎司，主要在欧美黄金市场上使用，它与欧美日常使用的度量衡单位常衡盎司是有区别的。金衡盎司是专用于黄金等贵金属商品的交易计量单位，其折算是 1 金衡盎司 = 1.0971428 常衡盎司 = 31.1034768 克。

目前，我国国内一般习惯于用克或千克来做白银计量单位，标价元/克或者是元/千克。国内投资者投资白银必须首先要习惯适应这种计量单位上的差异。

四、为什么白银在历史上曾经扮演过货币的角色？

在大多数人眼中，闪耀着金灿灿光芒的黄金，是货真价实的宝贝，是当之无愧的货币。殊不知，在人类的历史进程中，白银的分量丝毫不比黄金轻。翻看厚厚的货币史，你会发现白银在其中相当长的时期内都扮演着主要角色。人类历史上，黄金、白银都曾作为最主要的货币被使用，并且白银早于英镑和美元成为国际通用货币。中国漫长的封建时代的货币体系曾长期实行银本位制度，由历代的银元宝转变为近代各式版本的银元，银子在中国货币史上占据着举足轻重的位置。随着历史的演变至今，白银的货币金融属性逐渐淡出了世界经济舞台，但其作为贵金属具有的投资特点却令其保持着很强的生命力。白银的金融属性体现在它的资产特性，几千年以来白银一直在散发着它的光芒和魅力，并以其特性——不变质、易流通、保值、增值、投资的功能作为人们资产保存的重要选择之一，它和黄金一样是"没有国界的货币"，可以作为重要的和安全的金融资产。

关于白银的货币属性，马克思在《资本论》里早有定论："金银天然不是货币，但货币天然是金银。"与现在普遍使用的纸币不同，金银等金属货币具备两重属性，一是具备货币职能，用它可以换到自己想要的商品；二是它们本身也是一种商品。在充当货币之后，金银便不再是普通的商品，而是变成一种使用价值"二重化"的商品：既具有由其自然属性决定的使用价值，诸如制作器皿、装饰物等；还具有由其社会属性决定的一般使用价值，即充当一般等价物和交换手段。白银作为贵金属的一种，与黄金一样，同时具备商品属性和金融货币属性，但白银的商品属性强于金融货币属性。白银的工业应用广泛，并且全球产量增速较慢，每年的最高增长幅度不足5%，且不容易回收，工业用银方面容易损耗。白银扮演着工业金属和金融属性的双重角色。白银的金融保值特性虽然没有黄金那么强，但在通胀的大背景下，普通老百姓也可以参与白银投资，拓展了投资群体的参与空间。

> **延伸阅读**
>
> **世界白银货币简史**
>
> 　　世界上最早的金属铸币,来自于小亚细亚的吕底亚王国,铸造货币的金属是"白色的金子",这种"白色的金子"并不是人们想象中的纯金,而是天然的金银合金。
>
> 　　早在4000年前,由于其殖民地马其顿、色雷斯等地蕴藏着丰富的银矿,古希腊就铸造了大量的银币。随着商业贸易活动的兴起,希腊的银币开始大量流通到地中海周边地区,俨然成为贸易活动的纽带。同时,银币也为古希腊文明的辉煌打下了坚实的经济根基。其后,亚历山大大帝的马其顿帝国和罗马共和国,以及后来的罗马帝国,都先后大量铸造银币。
>
> 　　后来,强大的古罗马帝国崩溃,不过其带来的一些改变却没有消除,例如白银被当作货币的历史就延续了下来。从长达上千年的欧洲中世纪时期,到文艺复兴,再到地理大发现时期,再到工业革命……可以这样说,整个19世纪以前,在西方世界"金银币"就是钱的代名词:钱就是金银币,金银币就是钱,从未发生过改变。不过,一个无法回避的事实是,随着历史大踏步向前进,在西方国家中,白银身上的货币色彩逐渐开始淡化,直到被从"货币宝座"上拉下来。
>
> 　　在中世纪的西方,当时每一个具备一定规模的王国,都会铸造自己的金币和银币。国家之间、王公贵族之间的大额交易使用金币,平民之间的交易使用银币,一些更小的交易则使用铜币,金银铜币"各司其职"。但是随着"地理大发现时代"的来临,美洲的贵金属在大量开采之后被运往欧洲。数量增多之后,贵金属不再贵重,普通人也可以使用金币或银币进行交易,但麻烦也随之产生:虽然金币和银币是每个国家都在使用的货币,然而由于供应和铸币中贵金属含量等差别,每个国家黄

金和白银的兑换比率是有所不同的，即使在同一国家，两者之间的兑换比率也在不断发生变化。美国独立之后，在1792年将金银兑换比率定为1:15，而法国则在1803年将黄金与白银的兑换比率定为1:15.5。各国黄金与白银的兑换比率之间的差别，留给投机者一些可钻的空子，他们用15磅白银，在美国换取1磅黄金，然后拿到法国兑换成15.5磅白银，再将15.5磅白银拿回美国换取1磅多的黄金……以此来投机套利。在人为投机干扰以及市场供应变动的双重压力之下，货币体系变化频繁，让各国政府头疼不已。以至于1873年美国通过《铸币法案》，其中对银币铸造就只字未提。这一举动，意味着白银在美国的货币体系中不再"受宠"。到了1900年，美国通过《金本位法》，正式放弃白银的货币地位，也宣告了白银作为货币的历史终结。

中国白银货币简史

我国在公元前二十三世纪以前就已经发现了银，但总体来说我国是一个贫银国，白银的产量一直不高。

白银最早被用来做装饰品和餐具。在明末白银成为主体货币之前，中国的铸币主要用铜，所以"汉代以降，铜禁颇严。魏晋至唐初，天下大乱，大体说来，民间贸易主币为布帛，而政府收税也采用布和谷。宋以后，银方才在市场上逐渐采用，自此铜禁渐驰。"到了元代，出现了银锭元宝。

在明朝初年，白银并不是合法货币，政府甚至禁用金银交易，但白银在民间的使用却并未停止，反而随着市场贸易的繁荣而逐步活跃。到了明朝中后期，白银货币获得合法地位，并最终在货币流通领域占据主导地位。

在明朝中后期的时候，我国的主体货币是白银，黄金通常只作为财富储藏手段使用，而在西欧发现新大陆以后，其白银拥有量大增，主体货币开始呈现向金本位过渡的趋势。这样一来，相对于西方国家，我国的白银被高估，黄金被低估，再加上我国自给自足的经济体制，国际贸易长期存在巨额的顺差，这就促使白银由西欧和日本大量流向中国。有人估算,在明朝中后期,中国汇集了日本白银产量的绝大部分以及美洲白银产量的3/4,这就基本保证了中国白银币材的需求。

清朝的时候,一般大额交易使用银两,小额及零星交易使用铜钱。清代中期以后,购买外国机器铸造银元,与当时流行的西班牙、墨西哥银元及其他外国银洋,以及新铸的铜元并行流通。

北洋政府时期,各种旧银元并没有完全退出市场流通,通商贸易也仍以银两为标准,银元要折合成银两计算。南京民国政府成立后,统一币制成为巩固政权的要务。1933年3月,民国政府先在上海试行"废两改元",由中央造币厂统一铸造银本位币,银本位币定名为"元",每枚重26.6971克,成色0.88,即含银量为88%,含铜量为12%,公差不超过3‰。"废两改元"的实施标志了中国正式确立了银本位制度,并统一了全国货币。然而,中国白银的严重依赖进口使得世界白银行市场的波动直接威胁中国币值的稳定,进而影响到中国社会经济的各个方面,这是中国银本位制度的致命问题。

第一次世界大战以后,主要西方国家相继恢复金本位,再加上技术进步导致世界白银产量大增,于是世界贵金属市场呈现出金涨银落的大趋势。为稳定银价,1933年7月,中国、美国、印度、墨西哥、秘鲁、西班牙等八个主要白银生产消费国在伦敦召开会议,达成了《国际白银协定》,协议约定自1934年1月1日起至1937年12月31日止,各缔约国政府有义务稳定银价,五个产银国同意在协定期间每年从市面收回3500万盎司白银,中国则保证在协议期间不将熔毁货币所得的白银售出。

但是到了1934年6月,美国政府为满足本国白银生产商的利益,片面撕毁了协约。美国国会通过了《白银购买法案》,规定总统有权将全国白银收归国有,财政部长可酌情随时收买国外白银,美国政府有责任使得白银准备达到法定货币准备的1/4,或将国内白银的价格维持在每盎司1.29美元的水平。该法案生效后,美国政府开始大量收购白银,国际银价扶摇直上,再加上日本的暗中狙击,中国白银大量外流,引发"白银风潮"。一时间,中国国内银根紧张,信用萎缩,物价跌落,工商业衰退,财政金融和国民经济遭受到沉重的打击,并从根本上动摇了银本位制。不得已,1935年11月,国民政府颁布《金融紧急处分令》,实施币制改革,其主要内容为: (1)统一货币发行,发行纸币"法币";(2)白银国有,禁止流通;(3)实行汇兑本位制,官定法币对英镑、美元的汇率。自此,银本位被废除,就法律意义而言,白银在中国不再是货币,不过银元在民间一直流通到1949年。

五、黄金与白银之间的比价关系如何?

货币历史上最具魅力但也最难以理解的问题之一是——从经济学角度来解释黄金和白银的比价及其变化。自货币出现以来一直到1971年,黄金和白银就像是一对孪生兄弟。毫无疑问的是,地壳中白银的含量要比黄金多得多,但是相比较黄金而言,白银的化学性质要活泼得多,在空气中容易被氧化,天然的黄金有很多(如砂金),但天然的白银却极少。

在历史上相当长时期内,黄金与白银共同以货币形式存在,两者之间价格相关系数高达90%左右。不过,由于黄金金融属性强于商品属性,而白银商品属性强于金融属性,两者价格在不同的阶段会出现一些波动差异。但长期来看,两者之间会维持一个均衡的比值区间,当比值偏离过大时,有回归的趋势。在古代,黄金与白银这一比率低至10;在刚刚进入现代社会初期,这一数值升至14;在18世纪,政府尽力将比率维持在15,不过没有取得成功;在19世纪这一比率完全失控,达到60;后来经过努力,在第一次世界大战结束前黄金与白银比率又回落到16,第一次世界大战的几年内黄金白银比率又开始上升,在20世纪30年代初期,当时正值经济大萧条,这一比率达到100,创下史上最高纪录,白银当时的销售价格是每盎司25美分。随着世界货币的缓慢贬值,黄金和白银的比率也开始以同样速度贬值,在1980年回落到16,然后这一数值又开始攀升,其比值总体运行在较为核心的区域30至85倍之内。从几十年黄金白银比值的历史走势可以看出,20

世纪 80 年代初期为黄金白银比值的分水岭,此前黄金白银比值大致维持在 40 倍以下,而此后两者比值持续呈扩大趋势,1990~1993 年,最高比值达到 100 以上,之后回落至核心区域附近。2008 年金融危机爆发后,金银比值在 2008 年第 4 季度再度快速上冲至 81 附近,因金融危机爆发,黄金由于其储备货币及避险功能,价格上涨较快,而白银则因其工业需求萎缩,价格低迷,两者比值大幅走高。不过到了 2010 年下半年之后至 2011 年,白银的投资性需求大幅增加,价格涨幅加快,黄金白银比值又走低,随后白银投机泡沫破灭,价格大幅跳水,两者比值又回归至核心运行区域附近。

延伸阅读

什么是劣币驱逐良币?

"劣币驱逐良币"是经济学中一个古老的原理,它说的是铸币流通时代,在银和金同为本位货币的情况下,一国要为金币和银币之间规定价值比率,并按照这一比率无限制地自由买卖金银,金币和银币可以同时流通。由于金和银本身的价值是变动的,这种金属货币本身价值的变动与两者兑换比率相对保持不变产生了"劣币驱逐良币"的现象,使复本位制无法实现。比如说当金和银的兑换比率是 1:15,当银由于银的开采成本降低而最后其价值降低时,人们就按上述比率用银兑换金,将其贮藏,最后使银充斥于货币流通,排斥了金。如果情况相反,银的价值上升而金的价值降低,人们就会用金按上述比例兑换银,将银贮藏,流通中就只会是金币。这就是说,实际价值较高的"良币"渐渐为人们所贮存离开流通市场,使得实际价值较低的"劣币"充斥市场。这一现象最早被英国的财政大臣格雷欣所发现,故称之为"格雷欣法则"。

格雷欣法则实现要具备如下条件:劣币和良币同时都为法定货币;两种货币有一定法定比率;两种货币的总和必须超过社会所需的货币量。

生活中的格雷欣法则

1. 婚恋角逐中的格雷欣法则。假定优男 A,劣男 B,美女 C;若从资源配置来看，A、C结合实属大快人心的帕累托改进，然而现实并非如此简单。

A男因自身禀赋或客观条件好，选择面比较广，"吊死在一棵树上"的机会成本过大，而B男则相反，可能是"一无所有"，索性"孤注一掷，拼命一搏"。这样B男在追求美女C的努力程度上显然会大于A男，而C女只能凭借对方的行为表现来评判其爱恋自己的程度。往往会被B男刻意粉饰的"海枯石烂，一心一意"的倾慕和忠诚而迷惑，被B男拖入婚姻的"围城"，于是婚恋角逐画上了句号。

2. 纸币流通中的格雷欣法则。"劣币驱逐良币"的现象不仅在铸币流通时代存在，在纸币流通中也有。大家都会把肮脏、破损的纸币或者不方便存放的劣币尽快花出去，而留下整齐、干净的货币。

3. 现实生活中比比皆是的"劣币驱逐良币"的现象。譬如说，平日乘公共汽车或地铁上下班，规矩排队者总是被挤得东倒西歪，几趟车也上不去，而不守秩序的人倒常常能够捷足先登，争得座位或抢得时间。最后遵守秩序排队上车的人越来越少，车辆一来，众人都争先恐后，搞得每次乘车如同打仗，苦不堪言。

 六、布雷顿森林体系解体后白银的非货币化过程是如何完成的？

1934年1月，美国通过《黄金储备法案》，将金价重新确定为35美元/盎司，这一价格一直持续到1971年布雷顿森林体系垮台，保持了37年之久。布雷顿森林体系解体之后，由于各国政府和中央银行有了点纸成金术，以纸币价格来计算的黄金、白银以及石油等大宗商品都开始进入了"荡秋千时代"，商品价格可能瞬间高涨，但又忽然之间跌到谷底。

布雷顿森林体系的解体让人们看清楚了美国货币政策的本质，扩大宽松意味着未来可能产生通货膨胀，因此白银价格因抗通胀魅力而上涨，短短几年之内，就从1971年的每盎司1.29美元上涨到1973年的2.9美元，价格涨幅超过100%。

这时大投机家进入美国白银市场，开始大量买入白银，这种买入足以撬动白银价格的急剧上扬，白银价格上升到了4.3美元/盎司——随后他们又不断地买入、买入、再买入……终于，白银的价格在1979年开始了疯涨，很快从每盎司6美元上升到11美元，随着场外投机者的不断涌入，白银的价格日趋疯狂——从11美元上涨到20美元，然后30美元，到了1979年年底突破了40美元！这时，黄金和白银的比价下跌到12倍左右，创下人类进入现代社会以来的历史新低。1980年1月，白银价格达到了当时不可思议的高度——50美元/盎司！

此时，连印刷美元的美联储以及美国政府都不能忍受这样的上涨了，美国商品交易委员会终于开始"调查"和"调控"白银期货市场，这立即导致了白银价格的崩溃……两个月之内，白银价格从50美元/盎司的高点，一直下跌到10美元/盎司！此后，白银陷入了20年的漫漫熊市，价格一路狂泻，1981~1983年，白银价格还勉强维持在10美元/盎司左右；1984~1992年，银价则是一路下跌，一直跌到1992年最低的3.6美元/盎司左右。1993~2003年，白银价格一直维持在5美元左右上下波动。从2003年年中开始，白银再度经历一个大牛市，从最低点的5美元/盎司左右，8年时间价格再度暴涨到2011年4月25日的49.84美元/盎司。至于黄金白银价格比，自然也是经历了好几轮的过山车行情，1976~1979年，黄金白银价格比尚保持在25~45之间，但是随着白银价格的崩溃，金银价值比开始一路狂飙，到1991年再度超过100，到2000年左右又缓慢下降到50左右。

2008年金融危机的爆发，一度使得2009年黄金白银比价再度升高到超过80，但随着白银价格的涨幅远远超过黄金，导致从2009年年中迄今，黄金白银比一路震荡下降，目前已经到了65附近区域。

延伸阅读

美国亨特兄弟白银操纵案

20世纪70年代初期，白银价格在2美元/盎司附近徘徊。由于白银是电子工业和光学工业的重要原料，邦克·亨特和赫伯特·亨特兄弟俩图谋从操纵白银的期货价格中获利。白银价格从1973年12月的2.90美元/盎司开始启动和攀升。此时，亨特兄弟已经持有3 500万盎司的白银合约。不到两个月，价格涨到每盎司6.70美元。但当时墨西哥政府囤积了5 000万盎司白银，购入成本均在2美元/盎司以下，墨政府决定立即以每盎司6.70美元的价格获利。墨西哥人冲垮了市场，银价跌回4美元左右（见图1-2）。

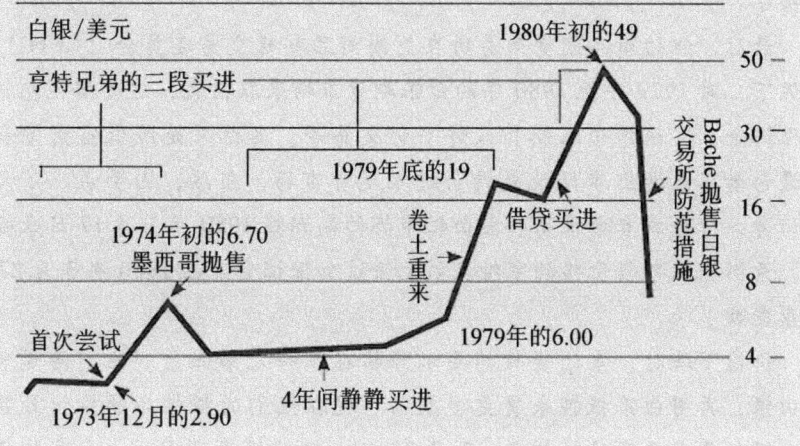

图1-2 美国亨特兄弟操纵白银市场示意图

此后的四年间，亨特兄弟积极地买入白银，到1979年，亨特兄弟通过不同公司，伙同沙特阿拉伯皇室以及大的白银经纪商，拥有和控制着数亿盎司白银。当他们开始行动时，白银价格正停留在6美元/盎司附近。之后，他们在纽约商业交易所（NYMEX）和芝加哥期货交易所（CBOT）以每盎司6至7美元的价格大量收购白银。到年底，他们已控制了纽约商品交易所53%的库存白银和芝加哥商品交易所69%的库存白银，拥有

1.2亿盎司现货和0.5亿盎司期货。在他们控制下，白银价格不断上升，到1980年1月17日，银价已涨至每盎司48.7美元，1月21日，银价已涨至有史以来的最高价，每盎司50.35美元，比一年前上涨了8倍多。这种疯狂的投机活动，造成白银的市场供求状况与生产和消费实际脱节，市场价格严重地偏离其价值。

在亨特兄弟疯狂采购白银的过程中，每张合约保证金只需要1 000美元，一张合约代表着5 000盎司白银。在2美元/盎司时，1 000美元合10%，而价格涨到49美元/盎司时就显出少得可怜了。所以，交易所决定提高交易保证金，并且交易所理事会鉴于形势严峻，开始缓慢推行交易规则的改变，但最终把保证金提高到6 000美元，后来索性出台了"只许平仓"的规则，新合约不能成交，交易池中的交易只能是平去已持有的旧头寸。

最后，纽约商品期货交易所在美国商品期货交易委员会（CFTC）的督促下，对1979年至1980年的白银期货市场采取措施，这些措施包括提高保证金、实施持仓限制和只许平仓交易等。其结果是降低空盘量和强迫逼仓者不是退出市场就是持仓进入现货市场，当然，由于占用了大量保证金，持仓成本会很高。当白银市场的高潮在1980年1月17日来临之时，意图操纵期货价格的亨特兄弟无法追加保证金，在1980年3月27日接盘失败。

价格下跌时，索还贷款的要求降临在亨特兄弟面前。他们借贷来买进白银，再用白银抵押来贷更多款项。现在他们的抵押品的价值日益缩水，银行要求更多的抵押品。3月25日，纽约投资商Bache向亨特兄弟追索1.35亿美元，但是他们无力偿还，于是Bache公司指示卖出亨特兄弟抵押的白银以满足自己的要求，大量白银倾泻到市场上，价格崩溃了。

亨特兄弟持有数千张合约的多头头寸，单单为了清偿债务，他们就要抛出850万盎司白银，外加原油、汽油等财产，总价值接近4亿美元。亨特兄弟去华盛顿求晤政府官员，试图争取财政部贷款给他们，帮助他们渡过难关。此时，亨特兄弟手里还有6 300万盎司白银，如果一下子抛出，市场就会彻底崩溃。另外，美国的一些主要银行，如果得不到财政部的帮助来偿还贷款,也要面临破产的危险。在权衡利弊之后,联邦政府最终破天荒地拨出10亿美元的长期贷款来拯救亨特家族及整个市场。

这是人类有史以来最大的庄家操纵案,亨特兄弟了解白银的供求关系,也了解自己的资金实力有能力成功操纵市场,他们没有失败的可能,但最后却还是破产了!

七、白银的实物投资方式有哪些?

白银的投资方式可以分为实物投资和衍生品投资。白银实物投资即投资者通过买入和卖出实物白银获得预期收益的一种投资方式,具体来说白银实物投资标的有银条、银币、衍生白银产品投资三种,其中银条可细分为投资型和纪念型。对于居民来讲,购买金银首饰更多的是属于消费范畴,而非投资。

(一) 银条投资

实物银条由于具有良好的保值作用一直颇受投资者青睐。目前市场上的银条一般分投资型银条和纪念型银条,投资型银条与白银本身的价格更接近,而纪念型银条除了本身所具有的属性价值外,还有一定的收藏价值,因此价格一般比同类的投资型银条高。现在市场上常见的投资银条规格有500克、1 000克、2 000克、5 000克。投资者可以从银行、贵金属生产加工公司购买,国内比较有代表性的投资银条有招金银条、宝泉投资银条、金拓银条等(见图1-3),国外的如美国官方投资银条、摩根银条。纪念银条在近些也得到了快速发展,其中国内比较具有代表性的如生肖纪念银条、神舟十号纪念银条和熊猫银条。

图1-3 投资银条和纪念银条

(二) 银币投资

银币投资较银条投资相对小众,但是这个小众市场却正在被越来越多的人关注,因为银币投资的收益率很有诱惑力。银币投资也分投资型银币和纪念型银币,前者在国内特指熊猫银币,后者有很多题材和规格,既拥有投资的价值(见图1-4),也兼备收藏的价值。中国人民银行每年都要发行各种金银币,而在银币投资中,更受市场青睐的为纪念银币。纪念型银币是为纪念历史事件或历史人物发行的银币,部分优秀的题材、稀缺的品种价格涨幅惊人。由于纪念型银币兼具收藏价值,其存世时间越长,就越脱离白银的现实价格,炒作收益性可能更高。购买纪念银币比较正规的途径为通过中国金币总公司的特许特约零售商购买或通过指定银行代代售点购买。但由于纪念银币的稀缺性,纪念币经常被市场抢购,正规渠道的

图1-4 投资银币和纪念银币

购买通常具有一定的困难，投资者亦可以通过拍卖会、钱币交易市场、拍卖网站购买，但在此购买过程需要提高警惕，谨防购买到假币。与纪念型银币相比，投资型银币比较简单，收藏价值不明显，未来的升值幅度主要依赖于白银价格的走势。

（三）白银实物产品投资

目前市场上实物白银产品越来越多，如银章、银锭等，这类品种多数是白银生产经营企业自行开发的一种投资品，有的甚至更适合叫商品。从一定程度上来说，银章与银币较为类似，其购买途径与购买方式与银币相同，银币与银章相对于银条有更大的升值空间，但亦面临着更大的风险。银章的制作工艺和题材都有一定的吸引力，可惜"章"不同"币"，"币"是人民银行发行的，带有"面值"，如"1元"与"10元"等，这是其与企业自行发行的银章最大的区别。正因为发行机构权威，因此"币"的溢价往往高于"章"。对于工艺和题材优秀的银章，如果溢价不高，还是可以以收藏的心态参与。银章的升值空间小于银币而高于银条，同样风险亦介于两者之间，是一个不错的中间选择。除了银章外，其他的白银实物产品工艺并不复杂，与投资银条区别不大。如果这些白银实物的溢价幅度较高，其投资价值就相对较小了。

为什么选择白银实物投资呢？一个很简单的道理，很多投资者习惯性认为实物在手极有安全感，这点是实物银条受市场青睐的主要原因。白银具有货币属性，投资性实物银条的溢价少，可以根据实时的市场报价套现。同时银条可作为国际支付手段，市场报价公开透明。我们在看到实物银条的好处时，也不得不承认实物银条投资过程中也有很多问题。首先，由于白银价格低，在铸造时往往采用较大的规格，这就带来了运输和储藏上的困难。其次，银行买卖的成本比较高，投资型银条一般要超过白银本身价格的10%，纪念型银条的溢价幅度就更高，根据题材、发行量以及发行机构是否权威等，有的银条溢价超过100%。这意味着，没有杠杆的实物白银需要涨价超过10%甚至更高投资者才可获利，比较适合于长期投资。再是缺乏回购渠道也是较为棘手的问题，由于投资的目的在于利用白银价格的波动获取价差，待到白银价格上涨后，只有将银条变现才是真正的收益。回购渠道的狭窄影响了银条的变现能力,投资收益往往为"浮盈"。银条之所以一直都比不上实物金条投资热,除了价格波动幅度大以外,主要原因也在于银条的回购渠道不完善,交易成本比较高。若没有相关的回购条款,或者是跨机构回购,卖出时需要经过检验,并承担相关费用。最后,实物白银稳定性远不如黄金,易于氧化,严重影响投资回报,很多长期投资者虽然赚得了价差,但由于实物银条储存不当导致的品相下降严重影响了其收益,甚至造成亏损。

与银条投资不同的是,银币不仅给予投资者"安全感",更具有观赏价值和收藏价值,其优势相对较多。首先,银币投资门槛低,百元人民币即可进行投资。其次,银币体积相对小,较银条来说更便于储存,同时由于体积小其运输亦较为方便。再次,银币在兑换现金方面较银条更加便捷,也可以作为国际支付手段。最后,投资型银币具有公开的市场报价,而纪念型银币除具有上述优点外,还具有更大的升值空间。银币亦有其相应的劣势,与银条类似的是,其在保管方面需要倍加谨慎,若因保管不善可能会造成其品相下降,严重影响投资效果。同时,银币亦具有较银条更高的溢价,纪念型银币则溢价更高,也具有更高的风险。

延伸阅读

北京申奥成功纪念银币的跌宕起伏

2001年7月13日,国际奥委会主席萨马兰奇先生在莫斯科宣布:北京成为2008年奥运会主办城市,申奥成功纪念银币的故事自此展开。

为了纪念这一历史性的日子,中国人民银行定于2001年7月15日发行庆祝北京申办2008年奥运会成功纪念银币1枚,该币为中华人民共和国的法定货币,发行量六万枚。

发行申奥成功纪念币的消息一经在国内各大媒体披露,中国金币总公司属下的56个特约经销点电话铃声不断,市场反映好评如潮。成批集藏爱好者为了避免错失购买的机会,甚至采取了每天清晨去各特约经销点排队碰运气的做法。该纪念银币获得"2001年最受群众喜爱的金银币"称号（见图1-5）。

图1-5 申奥成功纪念银币

申奥成功纪念银币以220元的价格发行，在发行后不到一个月时间内，2001年8月8日，价格已经突破700元。随后，投资者热度有所下滑，纪念币价格下跌至450元的低点。探底后纪念币的价格重回震荡上涨之势，至2005年最高涨至1 750元，4年的时间涨幅达8倍，2006年之后，价格不断下跌，最低跌至1 100元，随着2008年的临近，申奥成功纪念币再次进入牛市，并于2008年刷新了1 800元的高点，创下了历史新高，自奥运会后，纪念币价格开始走低。

八、白银衍生品的投资方式有哪些？

（一）纸白银

纸白银又称账户白银，是一种个人凭证式白银，是继纸黄金后的一个新的贵金属投资品种，投资者依据银行报价在账面上买卖"虚拟"白银，个人通过把握国际白银走势低吸高抛，赚取白银价格的波动差价。投资者的买卖交易记录只在个人预先开立的"白银账户"上体现，不发生实物白银的提取和交割，当前国内主要的商业银行如工商银行、中国银行、建设银行提供纸白银交易平台，交易方式较为简便。

纸白银投资最重要的一点是不进行实物交割，只可通过赚取差价的方式来获利。纸白银投资相对简单，费用支付方式以点差形式计算。纸白银的交易时间较长，基本与国际接轨，电子银行渠道每周一早上7:00至周六早上4:00连续提供交易服务。纸白银投资门槛低，人民币账户交易起点是1克。纸白银的交易简单并不意味着交易手续费低廉，其手续费以点差的形式收取，一般为人民币贵金属每克单边收取0.04元，而美元贵金属每盎司收取0.15美元，按照比例来看的话收取手续费比例为1%左右，纸白银虽然有优势，但劣势也非常明显，手续费相对较高，不能实物交割，只能被动等待波动收益。

小贴士

什么是点差？

所谓点差，是指投资者在买卖纸白银时的价差，这部分价差就是银行的利润。例如，当前纸白银报价3.94元/克，银行买入价3.92元/克，银行卖出价3.96元/克，即投资者如果在当前买入纸白银，会以银行的卖出价成交，即投资者的成本为3.96元/克，高于市价0.02元/克；同样，如果投资者在此时卖出账户中的纸白银，则会以银行买入价成交，低于市价0.02元/克。

（二）上海黄金交易所的白银现货与延期交易

上海黄金交易所是经国务院批准，由中国人民银行组建，在国家工商行政管理局登记注册的，不以营利为目的，实行自律性管理的法人，遵循公开、公平、公正和诚实信用的原则，组织黄金、白银、铂等贵金属交易，交易所于2002年10月30日正式开业。其推出的白银投资有白银现货即期合约和延期交收合约，现货即期合约包括：Ag99.9和Ag99.99；现货延期交收合约是 Ag（T+D）。目前，白银现货即期合约成交量较少，而现货延期交收合约 Ag（T+D）成交活跃，成交量较大，丰富了白银的投资方式。

白银 T+D，又称白银延期交易，是指以保证金交易方式进行交易，客户可以选择合约交易日当天交割，也可以延期交割，同时引入延期补偿费（简称延期费）机制来平抑供求矛盾的一种现货交易模式，是上海黄金交易所推出的一种门槛相对较低的白银衍生品。买卖双方以一定比例的保证金确立买卖合约，该合约不必以实物交收，买卖双方可以根据市场的变化情况，买入或者卖出以平掉持有的合约，白银 T+D 在持仓期间将会发生每天合约总金额万分之二的延期费，延期费的支付方向要根据当日交收申报的情况来定（见表 1-1）。

表 1-1　　　　上海黄金交易所 Ag（T+D）标准合约

交易品种	白银
交易单位	1 千克/手
报价单位	元/千克
最小变动价位	1 元/千克
每日价格最大波动限制	不超过上一交易日结算价 ±7%
合约期限	连续交易
实物交收方式	交收申报制
交易时间	早市：9:00~11:30（其中，周一早市时间为 8:50~11:30），午市：13:30~15:30，夜市：19:50~02:30
延期费收付日	按自然日逐日收付
延期费率	合约市值的万分之二/日
交收申报时间	下午 15:00~15:30
中立仓申报时间	下午 15:31~15:40
超期持仓期限	按交易所公告执行
超期费率	按交易所公告执行

续表

交割品级	99.90%以上的标准银锭
交割地点	上海
交易保证金	合约价值的10%
交易手续费	成交金额的万分之三
交割方式	实物交割
违约金比例	合约价值的8%
交易代码	Ag（T+D）
条块标准重量	15千克（以15千克的整数倍进行交收申报）
交割费	1元/千克
所属市场	延期市场
上市交易所	上海黄金交易所

注：延期交收合约的参数如有调整，按交易所公告标准。

白银T+D交易制度有以下特点：

1. 以保证金的形式进行交易，Ag（T+D）只需交易总额15%左右的保证金，采用"杠杆交易"。

2. 双向交易，既可买涨也可买跌，只要方向把握准确，均有机会盈利。

3. T+0的交易模式，投资者一天可以多次交易。

4. 没有交割的时间限制，可以延期，投资者可以选择交易日当天交割，也可以延期交割。

5. 交易时间长，晚上有夜盘。

6. 投资开户便利：投资者可在银行营业网点等指定机构开立账户进行账户交易。

小贴士

白银 T+D 投资盈亏举例

有很多新入市的投资者搞不懂白银 T+D 的盈亏如何计算,在此我们以做多和做空各举一例供大家学习。

1. 做多实例

假设白银 T+D 目前价格 4 000 元/千克,投资者小王在此价格开多仓买入 5 手白银多单,当银价上涨至 4 500 元/千克时,小王在此价格平多仓卖出 5 手白银多单,盈亏计算如下:

多单盈利:(4 500 − 4 000)×5 = 2 500(元)

手续费:4 000×手续费率(假设万分之10)×5 + 4 500×手续费率(假设万分之10)×5 = 42.5(元)

实际盈利为:2 500 − 42.5 = 2 457.5(元)

当然,如果小王的多单在银价跌至 3 500 元/千克时平仓,则亏损 2 537.5 元。

2. 做空实例

假设白银 T+D 目前价格 4 000 元/千克,投资者小王在此价格开空仓卖出 5 手白银空单,当银价下跌至 3 500 元时,小王在此价格平 5 手白银空单,盈亏计算如下:

空单盈利:(4 000 − 3 500)×5 = 2 500(元)

手续费:4 000×手续费率(假设万分之10)×5 + 3 500×手续费率(假设万分之10)×5 = 37.5(元)

实际盈利为:2 500 − 37.5 = 2 462.5(元)

若小王的空单在银价涨至 4 500 元/千克时平仓,则亏损 2 542.5 元。

以上计算过程中没有考虑延期费项目,实际上延期费也会给投资者带来额外的收益或者损失。延期费按照自然日逐日收付,节假日按节假日前一交易日确定的方向收付,延期费的支付方向由上海黄金交易所根据交割申报情况确定,延期费率以交易所公布的最新标准为准。

(三) 白银期货

白银期货合约是一种标准化的期货合约,国内白银期货在上海期货交易所上市交易。白银期货合约明确规定有详细的白银交割标准、交易单位、交割日期等。国内的白银期货于 2012 年 5 月 10 日上市。白银期货的推出有利于我国在国际白银定价权方面争得一席之地。当前,上海期货交易所的白银合约包括自次月起的 12 个月的合约,投资者可从中任选一个或几个合约作为投资对象。上海期货交易所是国家依法成立、予以认可和支持的平台,是投资者进行白银投资的良好选择,投资者可到相应的期货公司或营业网点开立期货账户进行白银期货投资。

白银期货同白银 T+D 在交易模式上基本一致,如都实行保证金交易、投资门槛低、可双向交易、T+0 的交易模式,交易时间段与国际接轨,但白银期货不仅具有平台、交易模式上的优势,其更大的优势在于期货交易手续费低廉而且无需缴纳递延费。目前白银期货收取的手续费仅万分之零点五。根据上海期货交易所的规定,若一手白银期货合约价值 6.3 万元,保证金按 10% 计算,那么购买一手白银期货合约需占用资金 6 300 元,而手续费仅需要 3 元多,是当前白银衍生品市场中手续费最为优惠的一种工具,如果投资者仅仅是利用白银实现价差获利,毫无疑问,白银期货的交易模式优势更加明显。

延伸阅读

2014 年 "3·15" 晚会曝光的那些白银交易平台是如何运作的?[①]

2014 年中央电视台 "3·15" 晚会在北京举行,晚会主题为 "让消费者更有尊严"。

"70 倍的高收益,两天净赚 10 万元。" 这些极具诱惑的词语充斥在各

---

① 资料来源:3·15 曝白银骗局 非法炒银何时杜绝 http://www.cngold.org/huati/315yxhby.html。

种各样的现货白银投资的宣传中。而记者采访到的吕女士上网搜索后发现，全国各地因炒银亏损的投资者比比皆是，在每个QQ群里，人数都达到了几百人。

一个偶然的机会，吕女士成为青岛银嵘资产管理有限公司的一名现货白银代理商。代理商的工作就是为公司招揽更多的客户，并且指导客户进行炒银操作。吕女士称目前国内从事现货白银投资的"交易所"大大小小有上千家。每个"交易所"又会发展若干会员，也就是名称各异的各种贵金属投资公司，这些会员既可以自行招揽客户，也可以通过发展代理商来招揽客户。客户根据交易软件提供的银价数据来决定买入和卖出的时机。可以买涨也可以买跌，而且24小时不间断交易，没有涨跌幅限制，更没有交易次数限制。客户每交易一次，除了要向"交易所"缴纳高额的手续费之外，还要支付点差、延时费等费用。"交易所"将这些费用中的一部分会按一定比例层层返还给会员和代理商。

吕女士曾惊讶地发现，除了手续费，代理商的另一部分收入竟然是来自于客户的亏损！业内把这种亏损叫"头寸"。跟手续费不同的是，客户的所有亏损"交易所"并不截留，而是全部返还给会员，最终由会员和代理商按协商好的比例分成。

在一些会员和代理商的眼里，目前国内的现货白银投资更像是一场赌博游戏。某现货白银投资公司业务员说："就是客户跟平台对赌，你赚了钱，那么公司就要亏钱。"而实际上，在这场与实力雄厚的会员公司的对赌中，势单力薄的散户们要想赚到钱，几乎是不可能的。深圳的申女士统计了自己29个客户里，没有一个是赚钱的，累计亏损430多万元。在对这些客户的交易记录进行了仔细分析后，申女士发现了很多蹊跷之处——出不了单也进不了单，有赚钱的机会了就操作不了，就是在行情到高位的时候，赢利的情况系统不能平仓，然后就是等到价格下来了之后，你就想要再加单的时候，电脑提示就是不能成交。

上海傲林网络科技有限公司是一家专门制作贵金属交易软件的公司。上海吕女士代理的青岛银嵘资产管理有限公司使用的交易软件就来自这里。公司负责人告诉记者，表面上，客户可以参考K线图自由买卖。但实际上什么时候买什么时候卖并不全是由客户决定的。这也就是他们所说的"风控"。"不让他登陆啊,不让他交易啊,就是平仓时间你进仓以后,这个可以设,一分钟以后可以平仓。"公司负责人这样对记者说。

不仅如此,客户要把自己账户里的钱取出来,什么时候取,取多少,也不由自己决定。就是对出入金的一个控制,出金还有金额限制,最小金额、最大金额、时间限制,每天都在什么时间可以出,哪天可以出等。

长沙华唐技术有限公司也是一家给各个贵金属交易平台提供交易软件的公司。公司负责人说他们的软件不仅能实现后台控制甚至还能手动篡改客户下单的价格。负责人举例说:"现在是多少点,他一下进去以后,直接给他提到3969是不是,然后你要确认同意,他们那紧接着就会波动到3969你看,他不会看出来吧,大盘我改了,你别波动一百个点就行了,你波动三五个点他还怎么说。"

就这样,投资者从一开始就落入了"交易所"、"会员"和"代理商"精心设计的一个赌局里,成为案板上的鱼肉,任人宰割。可能十个里面,客户有一个人赚钱,就算好了。

自测题

一、单选题

1. 白银的化学符号是(　　)。
   A. Au　　　　　　　　　B. Ag
   C. Cu　　　　　　　　　D. Zn

2. 下列不属于白银的自然属性的是(　　)。
   A. 白色,具有金属光泽
   B. 质软,有良好的柔韧性和延展性
   C. 掺有杂质后会变硬,但是颜色不变
   D. 对光的反射性很好,反射率可达到91%

3. 白银是重要的工业原料其工业需求正稳步快速增长，目前工业用银占了白银开采总量的（　　）。

  A. 50%　　　　　　　　　B. 60%

  C. 70%　　　　　　　　　D. 80%

4. 至我国古代（　　）白银成为主体货币。

  A. 宋朝　　　　　　　　　B. 元朝

  C. 明初　　　　　　　　　D. 明末

5. 白银 T+D 属于哪个交易所？（　　）

  A. 上海期货交易所　　　　B. 上海黄金交易所

  C. 深圳证券交易所　　　　D. 大连商品交易所

6. 个人投资者可在（　　）开立纸白银账户。

  A. 银行　　　　　　　　　B. 商户期货交易所

  C. 上海黄金交易所　　　　D. 中国金融期货交易所

7. 以下说法错误的是（　　）。

  A. 国内白银期货有 12 个合约

  B. 白银期货的每个合约都会到期

  C. 白银期货实行双向交易

  D. 国内白银期权于 2013 年上市

8. 当前，上海期货交易所的白银合约包括自次月起的（　　）个月的合约。

  A. 6　　　　　　　　　　　B. 7

  C. 9　　　　　　　　　　　D. 12

二、判断题

1. 1 克银可拉成 800 米长的细丝，可轧成厚度为 1/100 000 毫米的银箔。　　　　　　　　　　　　　　　　　　　　　　　　　（　　）

2. 对 X 光胶片来说，银的损耗和回收情况是一样的，曝光过的胶片中有 80% 的银可以被回收利用。　　　　　　　　　　　　　　（　　）

3. 用银碗盛马奶，可以长期保存而不变酸。这都是由于有极少量的银以银离子的形式溶于水。　　　　　　　　　　　　　　　　（　　）

4. 到了元代，出现了银锭"元宝"。（ ）

5. 在明朝初年，白银并不是合法货币，政府甚至禁用金银交易。但白银在民间的使用却并未停止，反而随着市场贸易的繁荣而逐步活跃。到了明朝中后期，白银货币获得合法地位，并最终在货币流通领域占据主导地位。
（ ）

6. 格雷欣法则实现要具备如下条件：劣币和良币同时都为法定货币；两种货币有一定法定比率；两种货币的总和必须超过社会所需的货币量。
（ ）

7. 目前市场上的银条一般分投资型银条和纪念型银条，纪念型银条与白银本身的价格更接近，而投资型银条除了本身所具有的属性价值外，还有一定的收藏价值，因此价格一般比同类的投资型银条高。（ ）

8. 纸白银又称账户白银，是一种个人凭证式白银，是继纸黄金后的一个新的贵金属投资品种，投资者依据银行报价在账面上买卖"虚拟"白银，并发生实物白银的提取和交割。（ ）

三、填空题

1. 白银的自然属性主要包括_____和_____。

2. 银对光的反射性也很好，反射率可达到_____。

3. 曝光和处理过的胶片和相纸中，约_____的银可以回收再利用。

4. 1933年7月，中国、美国、印度、墨西哥、秘鲁、西班牙等八个主要白银生产消费国在伦敦召开会议，达成了_____。协议约定自1934年1月1日起至1937年12月31日止，各缔约国政府有义务稳定银价。

5. 白银实物投资即投资者通过买入和卖出实物白银获得预期收益的一种投资方式，具体来说白银实物投资的标的有_____、_____、_____投资三种。

6. 为了纪念北京申办2008年奥运会成功，中国人民银行定于_____年7月15日发行庆祝北京申办2008年奥运会成功纪念银币1枚，该币为中华人民共和国的法定货币，发行量_____枚。

7. 白银投资的衍生交易方式有_____、_____、_____。

8. 白银T+D在持仓期间将会发生每天合约总金额万分之二的延期费，

延期费的支付方向要根据_____的情况来定。

9. 国内白银期货已于_____年5月10日在上海期货交易所上市。白银期货的推出有利于在国际白银定价权方面挣得一席之地。

参考答案

一、单选题

1. B　　2. C　　3. C　　4. D　　5. B　　6. A　　7. D　　8. D

二、判断题

1. 错　　2. 错　　3. 对　　4. 对　　5. 对　　6. 对　　7. 错　　8. 错

三、填空题

1. 物理特性、化学特性

2. 91%

3. 90%

4. 《国际白银协定》

5. 银条、银币、白银衍生品

6. 2001、六万

7. 纸白银、白银T+D、白银期货

8. 当日交收申报

9. 2012

第二章

白银的供给与需求

本章要点

通过阅读本章,可以了解世界上白银的贮藏、生产与消费情况,并对中国的白银市场有个基本认识。白银从矿石演变成终端的各种各样的产品形式,中间经历了什么样的过程,我们可以在这里找到答案。

 一、全球白银资源的分布情况是什么样的?

全球银资源主要集中分布在环太平洋构造成矿带、古亚洲构造成矿带、特提斯喜马拉雅构造成矿带,以及北美地块、中欧地块、南非地块和澳大利亚地块中年代较为古老的成矿区等。银矿主要的矿床类型有:与陆相、海相火山作用有关的矿床（陆相火山岩型，海相火山－沉积型）；与岩浆侵入有关的矿床（斑岩型，硝酸盐岩、矽卡岩容矿的热液交代型，前寒武纪变质岩中的"五元素"——Ag、Co、Ni、Bi、As 矿床）；与沉积作用有关的矿床（沉积岩容矿的喷气沉积型，变质岩、碎屑沉积岩、页岩容矿的脉型、浸染型和层状型矿床）。

全球约有 2/3 的银资源是与铜、铅、锌、金等有色金属和贵金属矿床伴生的，只有 1/3 是以银为主的独立银矿床。预计未来白银资源仍主要来自副产银的贱金属矿床，银从这些矿床中的提取将主要取决于贱金属市场的需求。世界白银储量主要分布在波兰、中国、美国、墨西哥、秘鲁、澳大利亚、加拿大和智利等国，约占世界总储量和储量基础的 80% 以上，俄罗斯、哈萨克斯坦、乌兹别克斯坦和塔吉克斯坦等国也有不少银资源。

小贴士

共生矿和伴生矿

共生矿是指在同一矿区（矿床）内有两种或两种以上都达到各自单独的品位要求和储量要求、各自达到矿床规模的矿产。共生矿中的成矿元素往往具有相似的地球化学性质，而且成矿地质条件相近，并在统一的成矿过程中形成。例如，沉积喷流型铅锌矿床中，铅和锌都达到独立矿床规模，它们就是共生矿。

伴生矿产是指在矿床（或矿体）中与主矿、共生矿一起产出，在技术和经济上不具单独开采价值，但在开采和加工主要矿产时能同时合理地开采、提取和利用的矿石、矿物或元素。比如我国白云鄂博的铁矿，就含有大量的稀土。

二、全球白银的供给情况是怎样的？

图2-1对白银产业链做了简单展现，生产链的上游通过采矿以后，进行选矿，加工成矿粉，最后经冶炼工序生产出白银。

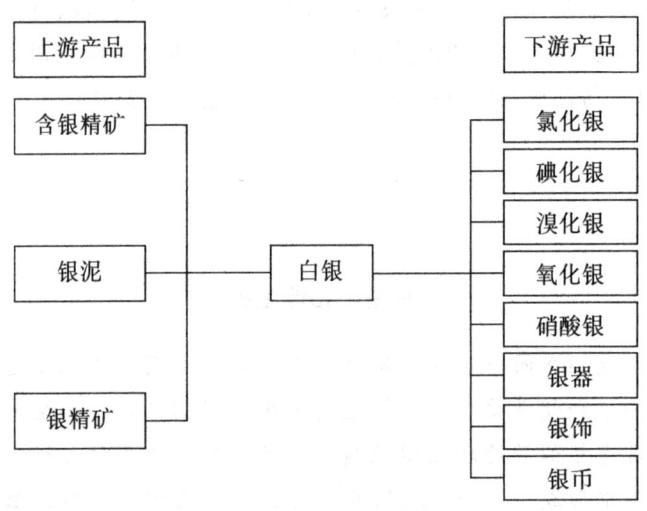

图2-1 白银产业链图

（一）选矿

现在市场上主要运用的选矿方法有四个，包括浮选法、重选法、磁选法和电选法。应用较多的是浮选法，采用一些化学试剂的方式，首先把矿石通过打碎、加水、变成矿石的浆料，并且向浆料里面添加一些化学的试剂，有用的金、银，还有一些其他的金属，能够浮悬到浆料产生的泡沫里面。在浮选机里，有很多浮选片，通过浆的来回翻滚转动可以把浆料里面的泡沫，拨到旁边的槽里，最后就产生了金银矿，这个里面的含量已经是比较高的了。图2-2为白银送矿图。

图 2-2 白银选矿图

(二) 冶炼

在成为矿粉以后,矿粉要经过冶炼变成纯银的银锭。以铜金银矿举例,铜金银矿通过熔炼和金炼成为样泥铜,最后电解就能产生黄金和白银等有价金属,再通过熔炼炉、电解车间,电解后从阳极泥里面电解出白银和黄金。

生产出的白银银锭,根据我国的国家标准主要分为三个品种,也就是市场上所通称的一号银,二号银和三号银,一号银指的是9999,二号银指的是9995,三号银指的是999,主要的区分是白银的纯度不同。

图 2-3 为白银冶炼图。

图 2-3 白银冶炼图

资料来源:安泰科。

全球共有 50 多个国家和地区开采银矿和共、伴生银矿,其中矿产白银生产主要集中在白银资源相对丰富的国家和地区,而再生银生产主要集中在一些白银消费大国如美国等国家。目前，中国、秘鲁、墨西哥、澳大利亚、玻利维亚、俄罗斯、智利、美国、波兰、哈萨克斯坦是世界最大的10个白银生产国。世界白银产量分布有以下特点：就是铜铅锌等基本金属生产大国——中国白银产量以铅锌铜副产矿产白银为主，一枝独大；而海外主要产银国家矿产白银产量，则呈现独立银矿、铅锌副产、黄金铜副产三足鼎立的局面。纵观白银历史产量发展，总体变化呈上升趋势。

据世界白银协会公布的报告显示，2012年全球白银总供应量为32 643吨，同比增长0.86%，主要是矿山生产大幅增加，同比增长了3.96%，即934吨；同时政府净抛售减少143吨，折合百分比38.33%；再生银减少131吨，折合百分比1.6%。

2012年全球白银供给此例见图2-4。

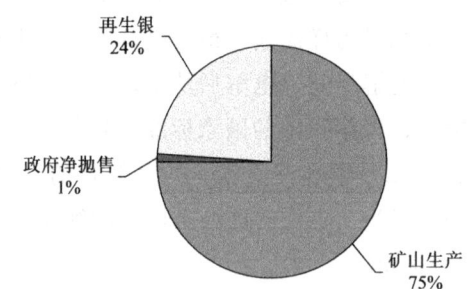

图2-4 2012年全球白银供给比例

资料来源：世界白银年鉴2013，招金期货贵金属研究院。

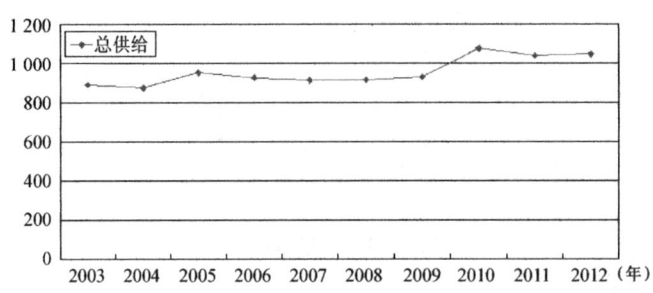

图2-5 全球白银供给趋势

资料来源：世界白银年鉴2013，招金期货贵金属研究院。

延伸阅读

废旧白银是如何回收的？

白银是仅次于黄金的贵金属，它是制造首饰、装饰品的紧俏原料，也是航天电器元件导电导热的最佳有色金属材料。商业上许多废液都含有白银，其中含量较多的是医院放射科以及照相行业洗片用的定影液，另外，半导体生产管出的处理废液、废半导体元件、电器接头、镀银边角料、制镜行业等废弃物中也含有银。废料白银的提取方法有：

1. 沉淀法。用硫化钠使定影液中的银，以硫化银为形式沉淀出来，再把硫化银沉淀物加入热的盐酸中，并加入过量铁粉，便可得到白银，但产品需再提纯。因硫化氢有毒，操作应在通风处进行。

2. 置换法。用化学活动性较大的金属，如锌、铁、铝等，从废定影液中置换出银。用法较简单，用金属粉、金属块和金属条直接加入或插入废定液中，银便被置换附着在金属表面，但置换后的产品不纯，尚需进一步提纯。

3. 电解法。直接提取白银，可一次性处理，制得白银质量很纯。电解法中两个电极的正确使用非常重要。当通电后，阳离子即银离子移动，得到电子被还原成银原子在阴极表面堆积；阴离子向阳离子移动，失去电子被氧化，如果电极使用不当，则会造成电极腐蚀，污染溶液。因此，应将石墨棒（即干电池的中心碳棒）接在直流电源的正极作为阳级；用银棒或不锈钢板接在直流电源的负极作为阳极，一起插入废定影液中进行电解。这样，在电解过程中阴极上的银条便由于银的堆积而由小变大。如果电流大，银沉淀太快，则呈黑色。当电解产物出现棕色时，说明溶液中含银量已经很少了（每公斤含银量少于1克），不宜再电解。测定废定影液含银量多少，能否电解，也可以拿1条干净的铜丝，插入溶液中，2分钟后尚不见铜丝变为银白色，说明溶液中的银难提取了。

目前回收白银的方法主要有以上电解法和化学法，但都回收率低，后处理工序多，设备繁杂。

此外,还有有机物还原回收白银技术,主要优点在于使用有机物还原,它不会使碳、硅、铁、铜、铋、锑等混入银粉中,使回收的银纯度高,操作简便易行,不仅适用于处理含量少的废液,而且也适用于处理含量大的废液。

1. 还原液配方。通过酒石酸(大规模时可考虑用草酸)水解蔗糖制的还原液,然后用此还原液使定影液中的银还原出来。其配方是:酒石酸(工业级)10克、蔗糖50克、乙醇(95工业级)100毫升、蒸馏水1 000毫升。将蔗糖溶于蒸馏水中,加热并煮沸2分钟,分3次加入酒石酸,再连续搅拌煮沸10分钟,然后冷却至室温,加入乙醇搅匀后备用。

2. 白银回收操作。(1)还原:取废定影10 000ml,边搅拌边加入20% NaOH 溶液200ml,再加入还原糖溶液500ml,加热至50℃-100℃使银析出,然后静置。(2)倾析:静止澄清分层之后,将上层清液倾析出来,然后用布过滤、沉淀。(3)洗涤:用蒸馏水洗涤沉淀物数次,直至水洗液呈中性。(4)干燥:将收集的沉淀烘干,即得粗银粉。(5)精制:将粗银粉置于坩埚中,投入高温炉内加热至800℃~1 050℃,将银粉溶化,分多次加入少量硝酸钠,让银中杂质如铁、锌、铜、铝等氧化成渣,沉淀后分离出来,直至溶化的银液澄清为止。(6)铸锭:银液澄清后,可出炉铸锭,这时银锭纯度可达99%以上。用此法回收废定影液中的银,回收率高达95%以上。

三、全球白银的消费由哪些部分构成?

世界主要的白银消费国有美国、中国、日本、意大利、德国、瑞士、英国、印度等。美国是目前世界上最大的白银消费国,用银量约占全世界总消费量的40%。

世界白银消费构成是:工业用银54%,摄影用银9%,珠宝首饰用银

24%，银币和印章用银 13%（见图 2-6），总需求约 32 643 吨。白银在工业中的需求最大，主要来自电器、电子生产领域对白银的需求的增长，其中，德国、美国、日本、印度和中国在该领域的需求增长较快。

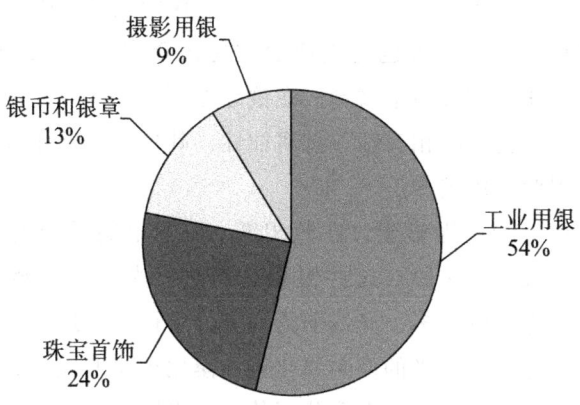

图 2-6　世界白银实物消费结构图

数据来源：安泰科，招金期货贵金属研究院。

在电子工业当中，由于银具有较好的导电性，实际上白银是所有的金属里面导电性最好的，是高于铜的，但是由于价格的原因，它在导线的应用里面则少于铜。但由于白银良好的导电性，一些高精密电子仪器，以银作为导线，某些袖珍无线电器中的导线也是用银制成，许多银基合金用于制造精密电阻。在工业电器当中，很多电接触材料作为导电成分，从几安培到几千安培范围内，都与银有关，它广泛用于供电、汽车、冰箱、电视机和雷达等各种电接触当中。如发电厂由于电流比较大，所以对于开关的要求较为精密，一般用银制作。因此对于白银这一块，对电磁头里面的含量，一般都超过60%，好一点的电磁头还要超过 80%，实际上用银量相当大。汽车行业用银量也较大，如现在自动化程度比较高的中高级汽车来讲，一个汽车里面应用到开关就达到 120 个左右，开关里面的触头则更多，也就是实际上的银触头。现在我国也是银触头的出口国，这部分的应用也是比较稳定的。

在工业用银里面还包括电子浆料和焊料。如在太阳能电池里面，银浆实际上也是一个最主要的部分。在电镀工业当中，在一些容易腐蚀的金属表面，镀上一层银可以延长使用寿命，而且美观。镀银的餐具不仅美观耐用，而且有杀菌的作用。对于能源方面,银芯电池体积小,质量轻,能量比普通电池高二十倍,因此是比较理想的清洁电池。

在医药、卫生、杀菌、净化水质方面,实际上银化合物和药物都有重要的应用。如硝酸银的水溶液具有强杀菌作用,医疗上作为眼药水使用,也能消毒伤口和各种皮肤病。银也能生产少数的化合物,其中最重要的是乙酸盐,用作工业氧化剂和实验室试剂。在镶牙方面,银金合金是牙科的主要材料,银金合金具有良好的相容性、抗腐蚀性,其色度接近牙齿本色,抗拉强度和密度高,因此应用较多。

白银第二块消费是摄影业,在照相纸、胶卷上的反光剂都是银的化合物,包括氯化银或者溴化银。这些银化合物对于光非常敏感,受光马上分解,光线强的地方分解得多,光线弱的地方分解得少。这个形成的影像,经过显影,去掉底片上未反光的多余氯化银和溴化银便形成了底片。实际上最近几年,由于数码技术逐渐完全取代了传统的摄影胶片的一个应用,所以摄影用银的消费量是大幅减少的。不过现在摄影业没有完全萎缩,最主要的消费用于医疗行业。

从1998年以来,世界白银总需求呈总体增长趋势,世界白银实物终端消费主要是工业制造领域、摄影业、珠宝首饰、银器和铸币印章、医药抗菌等。从具体需求看,制造业需求总体有下降趋势,其中工业应用、银币及证章稳步增长,全球流通的几个主要的银币,最主要流通的是美国一盎司的硬币、加拿大的枫叶币,还有澳大利亚的银币等,这些银币在2011年的销量也是大幅增长,增幅在40%以上。主要的银币和银章的消费国是美国、加拿大、奥地利、澳大利亚、中国、德国、墨西哥、西班牙等。

未来白银的需求将主要来自于投资和工业应用,工业领域和珠宝首饰业对白银的消费在经济增长的带动下总体呈现增长态势,不过工业需求受经济波动周期影响较大。最近几年来,白银实物和衍生投资需求在一些国家如中国增长比较迅速。中国是从2007年开始,成为全球最主要的,也是最大的首饰消费国。我们看到,近年中国首饰消费出现大幅度增长,但全球其他的主要消费国家分别下降,或者是持平。另外,中国的首饰消费实际上也受到了黄金首饰消费的推动,如2013年中国超过印度称为全球第一黄金消费大国,对于白银的消费也产生了较大的推动作用。

银器的消费还受到历史传统的消费影响。印度是最主要的银器消费大国，其他像中国、俄罗斯、意大利、泰国、德国、孟加拉国、尼泊尔、土耳其、美国等是逐渐萎缩的，但从总体消费看，仍占有一定比重。

据世界白银协会公布的报告显示，2012年全球工业应用领域用银下滑2.5%，摄影行业用银下滑0.8%，首饰白银需求总体较前期保持平稳，银器用银轻微下滑0.4%，银币及奖牌下滑2.5%，净投资的增加是2012年白银总需求量增加的主要原因。

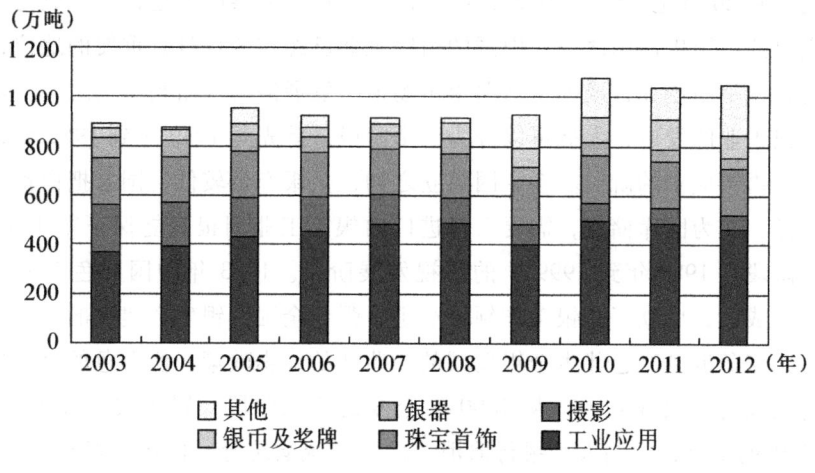

图2-7　全球白银需求趋势

资料来源：世界白银年鉴2013，招金期货贵金属研究院。

综合来看，人类生产的白银中，有将近一半被用于工业领域，且工业领域对白银的需求量在趋于平稳。其次，珠宝首饰领域也在白银消费中占据着重要的位置，此项需求亦比较稳定。白银投资及银币和证章在白银需求中占据的比例在近些年不断增加，摄影行业及银器行业对白银的需求逐年减少。总体来看，世界白银需求量稳定增长。

四、新中国白银工业发展历史是什么样的？

新中国的白银工业，随着中国经济的不断发展和管理体制的变革而蓬勃发展。到20世纪90年代中期，中国白银也从过去供应不足，一跃成为世界最主要的白银生产国之一。中国的白银工业已经在全球具有重要的地位，白银消费也不断增加，成为全球白银市场最具发展潜力的新兴市场之一。新中国白银工业的发展，大概可以分为三个阶段，首先是1949年到1982年，处于一个供不应求的阶段。新中国成立之初，金银产量较低，国家把白银与黄金一样，作为国库储备，需要大量进口白银。工业用银只能保证军工生产。第二阶段是1983年到1999年的重视发展阶段。1983年中国有色金属工业总公司成立，成立了金银工作领导小组，强化全国白银生产建设的领导，同时向国家争取到有色伴生金银发展的一些新的优惠政策，使有色的金银生产和建设取得了快速发展。从2000年至今是第三阶段，属于快速发展阶段。2000年的1月，中国人民银行取消了白银的统购统分，白银市场正式开放，对于白银生产经营活动按照一般产品的有关规定管理，白银生产企业与用银企业直接见面，国家对于白银出口实行了配额管理。白银市场的开放，促进了我国白银生产、流通和产品深加工的快速发展，中国白银工业进入了一个快速发展的时期。

五、我国白银资源分布有什么特征？

我国可经济开采的探明白银储量大约2.3万吨，占世界的8.63%，居于第5位，而储量基础约为12万吨，占世界的21.08%，居世界第2位，但独立银矿较少,所占比例不足30%,60%多是伴生银矿,主要伴生在金、铅、锌、铜矿床,也有与镍、钨、锡、钼等矿床伴生的。所以我国白银产量增减与这些金属产量的增减有直接关系。近些年来,由于我国金、铅、锌开采量的快速增长,白银产量也大大增加了。

我国白银资源分布广泛,但探明储量相对集中。2011年已探明的银储量4.3万吨,占世界总储量的8%。我国白银已在30个省、自治区、直辖市发现并探明有银矿储量,但主要集中在江西(15.5%)、云南(11.3%)、广东(9.4%)、内蒙古(7.6%)、广西(6.6%)、湖北(6%)和甘肃(4.4%)(见图2-8)。

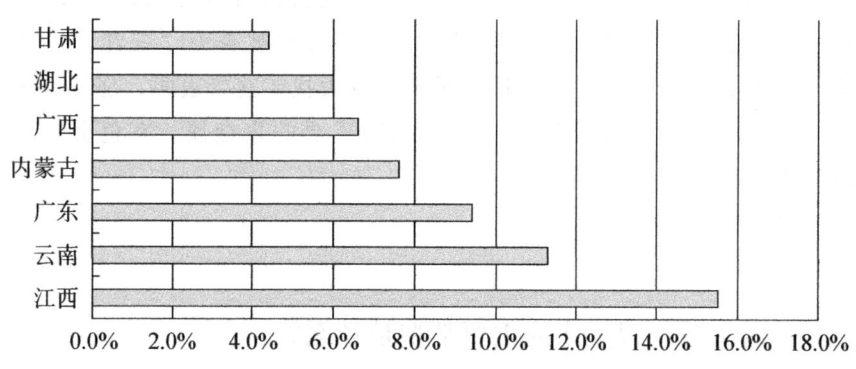

图2-8　2011年我国银储量主要分布
数据来源：安泰科,招金期货贵金属研究院。

全国600多个银矿床除西部唐古拉山、昆仑山等地区外,北从黑龙江、大兴安岭,向南到海南岛,西至滇西、藏东,西北到天山、阿勒泰,都有银矿床分布。

银矿资源富集区如下：

1. 赣北区。典型矿床有贵溪鲍家、上犹焦里、万年等,主要矿床类型为与浅成—超浅成侵入岩有关的矿床。

2. 陕南——鄂西北区。典型矿床有陕西柞水银硐子、湖北竹山银硐沟等,主要矿床类型为沉积岩和海相火山岩系中的矿床。

3. 豫西南区。典型矿床有桐柏破山、罗山等,主要矿床类型为变质岩中的矿床。

4. 华北——吉西区。典型矿床有河北的丰宁牛圈和承德姑子沟、山西灵邱支家地、内蒙古杯西大井、吉林四平山门等,主要矿床类型为与侵入岩有关的和火山岩中的矿床。

5. 南岭地区。典型矿床有广东的仁化凡口、潮州厚婆坳、廉江庞西洞,广西博白金山和湖南江永铜山岭等,主要矿床类型为层控型。

6. 江浙区。典型矿床有遂昌银坑山、天台大岭口、南京栖霞山等,主要矿床类型为陆相火山岩系中的矿床。

7. 三江地区。如云南兰坪县白秧坪应多金属矿。并且经初步查证,白秧坪应多金属矿外围矿点星罗棋布,至少存在6个以上银、铜、铅锌富集区。目前掌握的22个矿体中,有的矿段查获铅锌资源量已超过中型,而且仍有望进一步扩大。白秧坪银多金属矿与同被誉为"三江"明珠的兰坪铅锌矿毗邻,以及相邻地段展示出的巨大找矿前景表明,怒江、澜沧江、金沙江"三江"中南段有望成为我国重要的贵金属、有色金属资源储备基地。

六、我国银矿床的主要类型是什么?

综合考虑银矿床产出的地质环境、含矿岩系和成矿特征等因素,可将我国的银矿床划分为以下六种类型。

(一)矽卡岩型银矿床和产于碳酸盐岩中的热液型银矿床

两类矿床的主岩都是碳酸盐岩,矽卡岩型接触变质深,碳酸盐岩型接触变质弱。典型矿床如四平山门银矿、高家堡子、凤凰山等。储量占银矿储量的36.65%。

(二)赋存于变质岩和碎屑岩中的热液型银矿床

变质岩中热液型银矿床多呈脉状,物质来源有与陆相火山热液有关的

（浙江银坑山），有与斑岩热液有关的，有与岩浆热液、构造热液双重有关的（庞西洞）。此类型矿床储量占银矿储量的24.3%。

（三）岩浆型和产于侵入体中的热液脉型银矿床

岩浆型矿床是指赋存于基性和超基性岩中与铜镍硫化物伴生的银矿床，典型矿床为新疆喀拉通克矿区；产于侵入体中的热液脉型矿床的富矿围岩多为酸性和中酸性岩基或大岩体，银矿以石英脉型为主，爆破角砾岩型次之，典型矿床为丰宁牛圈子银矿。此类型矿床储量占银矿储量的3.78%。

（四）陆相火山岩型与次火山岩（斑岩）型银矿床

这类矿床指赋存于火山岩或斑状超浅成侵入体中的矿体。此类矿床是世界也是中国最重要的银矿床类型，储量占银矿储量的19%，典型矿床为冷水坑铅锌银矿、河北支家地银矿。

（五）海相火山岩型和沉积变质型银矿床

这类矿床主要产于秦岭褶皱系元古宇、祁连褶皱系古生界及巴颜喀拉甘孜褶皱系中生界。此类矿床探明储量占银矿储量的13.7%，海相火山岩型典型矿床为湖北竹山银董沟银金矿，沉积变质型典型矿床为河南桐柏破山银矿。

（六）沉积型和风化淋积型矿床

此类矿床探明储量占银矿储量的3.58%。沉积型银矿床又分为震旦系顶部黑色页岩中的银钒矿，赋存于红盆中伴生的砂岩铜矿和赋存于同生断陷盆地中细碎屑岩灰岩中的含银铅锌矿，典型矿床为陕西柞水银硐子银铅锌铜矿。风化淋积型银矿典型矿床如浏阳七宝山金银矿就是铁锰帽型。

48 白银期货

 七、我国白银供给情况是什么样的?

近年来,我国白银产量连续多年以超过10%的速度递增,已经成为全球递增最快的国家。国内白银工业走入国际市场步伐在加快,白银深加工产业稳步发展。蓬勃发展的中国白银工业,已经成为世界白银工业瞩目的焦点和亮点,中国白银生产、流通消费现状及发展前景引起了全球白银行业人士的高度关注,外资纷纷介入,争夺中国白银资源。

中国白银生产包括四部分:独立银矿产银、铅锌铜金矿副产白银、进口银矿冶炼白银和再生白银。近几年我国白银产量持续增长,据中国有色金属工业协会统计,2001年我国白银总产量为1 908吨,2012年则达到13 158吨(见表2-1和图2-9)。按照该总产量统计,我国白银总产量已位居世界第1位。

表2-1　　　　　　　　2000~2013年中国白银产量统计表

2000~2013年中国白银产量统计表		
时间	白银产量(吨)	同比增长(%)
2000年	1 588	—
2001年	2 013	26.8
2002年	3 217	59.8
2003年	4 306	33.9
2004年	6 087	41.4
2005年	6 754	11
2006年	8 926	32.2
2007年	9 091	1.8
2008年	9 587	5.5
2009年	10 348	7.9
2010年	11 617	12.3
2011年	12 446	7.1
2012年	13 158	5.7

资料来源:安泰科,招金期货贵金属研究院。

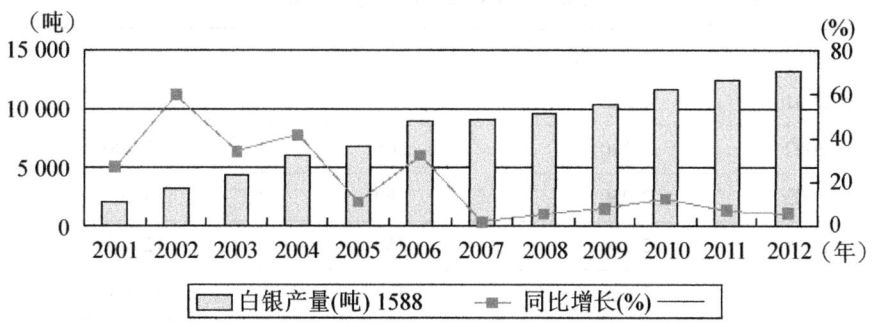

图 2-9 2000~2013 年中国白银产量图

资料来源：安泰科，招金期货贵金属研究院。

国内白银 70% 左右为铅锌铜冶炼企业副产品，近年来随着我国再生铅锌铜产业的发展，副产白银量有所降低，同时铅、锌、铜价格暴跌，企业生产热情低也是副产白银产量下降的原因之一。

整体来看，我国白银生产分散、集中度低，产业多头管理，生产、销售情况不够明晰，管理相对薄弱。再生白银则整体上处于无序状态，且大部分是小企业，技术力量薄弱，先进设备较少，金属回收率不高，环境污染也很严重。

 八、我国白银的需求构成和前景如何？

20 世纪 80 年代以来，我国白银的消费逐年上升，其中电子电气工业、银基合金及钎焊料、银工艺品首饰、抗菌产品等其他新兴领域对高纯度白银的需求多年来以平均每年 15% 以上的速度在递增。2001~2010 年，我国白银消费量见表 2-3。

表 2 – 3　　　　　　　　2001～2010 年我国白银消费量

年份	消费量（吨）	增减量（吨）	增减幅度
2001	1 525		
2002	1 790	265	17.38%
2003	2 050	260	14.53%
2004	2 300	250	12.20%
2005	2 600	300	13.04%
2006	3 000	400	15.38%
2007	3 600	600	20.00%
2008	4 500	900	25.00%
2009	4 980	480	10.67%
2010	5 700	720	14.46%

资料来源：安泰科，招金期货贵金属研究院。

我国白银主要消费领域及消费结构大致为：电子电气35%、感光材料20%、化学试剂和化工材料20%、工艺品及首饰10%、其他方面15%。虽然近年来我国在扩大白银的应用领域、提高白银产品的加工深度和附加值方面取得了长足进展，但是我国白银产业的整体应用水平同发达国家相比还有很大差距，也正因为如此，我国白银的消费前景十分广阔。可以说，我国是世界白银需求潜力最大的国家之一。白银的用途见图 2 – 10。

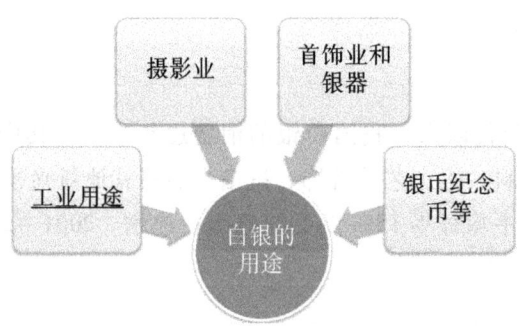

图 2 – 10　白银的用途

国内白银消费结构见图 2-11。

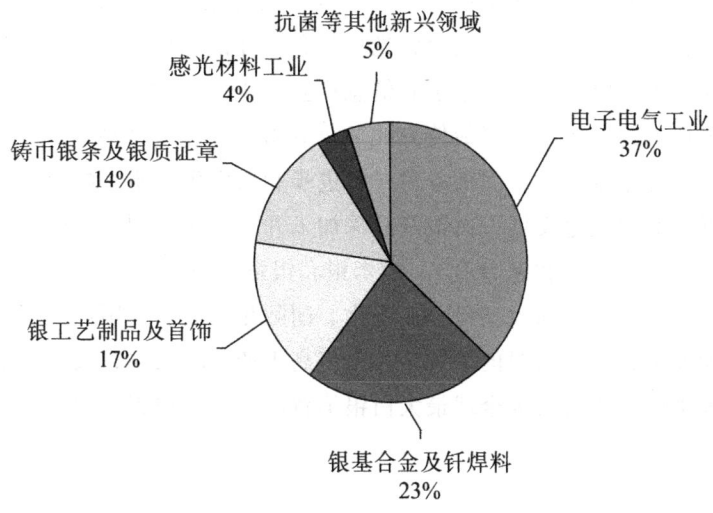

图 2-11 国内白银消费结构

资料来源：安泰科，招金期货贵金属研究院。

白银有良好的电学、光学和磁学性质，具有良好的化学稳定性、延展性和最好的导电、导热性能。除了传统的珠宝首饰、银币证章行业每年的需求外，白银在工业领域广泛用于电气、电子工业、感光材料和宇航工业等中。如银合金用于制造电子计算机、电话、电视机、电冰箱、雷达等电器的各种接触器触头；导电银浆用于太阳能光伏电池，白银也可用于生产银锌电池和胶卷胶片；银与其他贵金属联合用于制作微电子工业用的贵金属浆料，广泛用于电子元件的组装和封装。此外，航天飞机、宇宙飞船、卫星、火箭等军工行业上的导线大部分用白银制作等。白银虽然应用的领域很多，不过应用总体上分散，单件产品耗银量都比较低。由于白银是贵金属，其价格长期来一直位于高位，在很多产品中替代产品的研发一直在跟进。

近年国内白银消费保持稳步增长。电子电气、银基合金及焊料、感光材料、白银首饰及其器件和政府铸币等仍是我国白银最主要消费领域；由于商业银行推出白银个人投资业务，2009 年底以来国内白银投资出现爆炸性增长。

随着白银工业的发展和成熟，国内发展深加工产品的热情逐步提高。白银的深加工主要是精细化工产品如硝酸银、氧化银、超细银粉、片状银粉、氰化银钾、各类银浆、各种银盐感光材料和各种银基复合金属材料等，这些产品主要应用于感光工业、电子和信息产业、电镀、化工以及抗菌等行业。由于数码技术的进步，白银最传统的工业应用——感光材料中白银的消费在全球趋势是逐年减少的，而随着科技的进步和人们生活水平的提高，特别是电子电器工业的飞速发展，白银产品深加工开发逐步呈现四大热点：电子电气工业、焊料合金（银基合金）、纳米银和银系抗菌材料等。

中国白银产业将向大型化、品牌化、国际化发展。我国白银消费市场蕴藏着巨大商机，未来白银的消费增长率将高于产量增长率，按照目前的增长幅度，未来中国或将成为全球最大白银消费国，对于白银定价权的将产生重要影响。

延伸阅读

银盐是什么？有什么用途？

所谓"银盐"是指卤素与金属银形成的化合物的总称，包括氯化银、溴化银和碘化银等。银盐呈白色或黄色有光泽的片状结晶，溶于热水，微溶于酸，不溶于乙醇和乙醚，需密封干燥保存。

氯化银微溶于水，分子量越高的银盐，溶解度越低；它对波长很短的紫色区域及紫外线感光；溴化银对蓝色区域光线感光；碘化银的作用重在增加感光范围。如添加碘化银和溴化银的混合乳剂，感光范围达到500毫微米。

照相乳剂中的卤化银成分不同，感光灵敏度则不同，按感光速度快慢排列的次序是——溴化银中加入微量碘化银的乳剂感光速度最快、溴化银第2、氯化银最慢。根据这些特性，一般来说负片乳剂中含有溴化银和少量碘化银，而氯化银仅适用于低速正片乳剂。卤化银晶体颗粒直径范围为20微米~50微米到50纳米间，大部分直径大小在0.1微米~4微米。依其类型、形态、大小及分布状况，在很大程度上决定了感光材料的性能，如感光快慢、解像力、反差等。如常用氯化银来得到较细的颗粒、较高的反差或是使得影像色调偏向棕黑色。

硝酸银是一种无色晶体，易溶于水。纯硝酸银对光稳定，但由于一般的产品纯度不够，其水溶液和固体常被保存在棕色试剂瓶中。用于照相乳剂、镀银、制镜、印刷、医药、染毛发检验氯离子，溴离子和碘离子等，也用于电子工业。分析化学用于沉淀氯离子，工作基准的硝酸银用于标定氯化钠溶液。无机工业用于制造其他银盐。电子工业用于制造导电黏合剂、新型气体净化剂、A8x分子筛、镀银均压服和带电作业的手套等。感光工业用于制造电影胶片、X光照相底片和照相胶片等的感光材料。电镀工业用于电子元件和其他工艺品的镀银，也大量用作镜子和保温瓶胆的镀银材料。电池工业用于生产银锌电池。硝酸银溶液由于含有大量银离子，故氧化性较强，并有一定腐蚀性，医学上用于腐蚀增生的肉芽组织，稀溶液用于眼部感染的杀菌剂。日化工业用于染毛发等。分析化学中用于测定氯、溴、碘氰化物和硫氰酸盐。

碘化银为亮黄色无臭微晶形粉末，有 α 和 β 两种类型，β 型为立方晶体，密度 $6.010g/cm^3$，熔点 558℃，沸点 1 506℃。α 型为六方晶体，密度 $5.683g/cm^3$，加热到 146℃ 即转为 β 型。不溶于稀酸、水，微溶于氨水，易溶解于碘化钾、氰化钾、硫代硫酸钠和甲胺，无论碘化银的固体或液体，均具有感光特性，可感受从紫外线到约 480mm 波长之间的光线。光作用下分解成极小颗粒的"银核"，而逐渐变为带绿色的灰黑色。与氨水一起加热，由于形成碘化银－氨络合物结晶体，即转为白色。用于显影剂和人工增雨中的催化剂；用于分析试剂；碘化银和溴化银混合，可制造照相感光乳剂。在人工降雨中，用作冰核形成剂；还能防冰雹、霜冻、雪和风暴。可用作热电电池的原料。在化学反应中用作催化剂。也用于医药工业。

九、我国白银进出口贸易情况是什么样的？

2000年1月1日白银市场开放后，我国白银行业的政策主要体现在贸易流通领域，具体而言就是进出口贸易政策。

（一）进口方面

中国人民银行、海关总署1999年公布了《白银进口管理暂行办法》，该办法于2000年1月1日执行，银粉、未锻造白银、银半制成品和银制成品列入白银进口管理名录。随着白银市场的不断开放，2007年11月19日中国人民银行、海关总署决定自公告发布之日起废止《白银进口管理暂行办法》，放开国内白银进口；目前对进口银精矿、白银产品等征收17%增值税。

（二）出口方面

1999年11月2日，原国家对外贸易经济合作部颁发了《白银出口管理暂行办法》，银粉、未锻造银及银的半制成品纳入出口白银管理名录；白银出口从此执行出口配额管理。2007年6月18日颁布的《财政部、国家税务总局关于调低部分商品出口税率的通知》规定，从7月1日起，白银及其相关制品出口退税率从13%下调至5%；2008年7月30日，财政部、国家税务总局又出台政策，从2008年8月1日起取消5%白银出口退税。

由于国内白银市场开放较晚，消费刚刚起步，多年来中国是世界最主要的白银出口国之一。不过随着国内需求的回升和再生工业的兴起，国内白银出口未来会呈现总体下降趋势。我国主要进口白银加工产品，出口白银初级产品，如银锭等。由于铅锌铜产业快速发展导致副产白银产量大幅增长，富余白银需要出口，我国白银出口配额逐年递增，2000年为200吨，2011年已达5 670吨。2001～2009年，银锭（未锻造银）

出口量增长了196%，由1 199吨增长到2009年的3 554吨，中国已经成为国际上最重要的白银供应国之一。但是，我国白银出口量在2007年达到一个峰值以后出现逐年大幅下降的趋势，主要原因是国家取消了出口退税政策，原来是完全退税，缩减到5%，之后5%也取消了，造成出口的大幅减少。从2007年白银出口达到4 484吨的历史高位，骤减到2011年1 178吨的水平，使我国从白银净出口国转为净进口国。2011年我国白银银锭出口1 178吨，同比下降了17%，而半制成品银的出口时1 750吨左右，同比下降44.8%，降幅也很大。中国一方面出口白银初级产品，另一方面大量进口白银深加工产品，我国白银精深加工产品消费前景广阔。

中国白银进出口情况见表2-4。

表2-4　　　　中国白银进出口情况　　　　单位：吨

主要白银进出口产品	2001年		2002年		2003年		2004年		2005年		2006年	
	进口	出口	进口	出口	进口	出口	进口	出口	进口	出口	进口	出口
未锻造银（银锭）	147	1 199	201	2 022	262	2 892	278	3 520	350	4 125	687	4 478
银粉	50	25	56	6	100	25	159	-	306	1	776	7
半制成银（实物量、非金属含量）	118	1	147	186	176	49	240	58	686	160	2 164	227

主要白银进出口产品	2007年		2008年		2009年		2010年		2011年	
	进口	出口	进口	出口	进口	出口	进口	出口	进口	出口
未锻造银（银锭）	521	4 484	941	4 043	738	3 554	590	1 422	502	1 178
银粉	979	7	1 511	18	1 412	65	1 395	16	1 321	48
半制成银（实物量、非金属含量）	4 241	183	3 709	124	3 480	109	3 174	138	1 751	55

资料来源：安泰科。

> **小贴士**
>
> **2008～2011年白银进出口情况汇总**
>
> 出口方面，2008年我国白银外贸出口配额为4 800吨，受白银出口退税取消和白银价格下降影响，全年白银出口较2007年减少441吨，为4 043吨；从白银产品结构上看，受出口差别退税率政策影响较大，白银初级矿产品和粗加工产品出口比重急剧下降。进口方面，2008年国内银粉进口继续大幅增加，达到1 511吨，同比递增54.34%，进口银精矿7.01万吨，同比下降62.84%。
>
> 2009年，受到国际金融危机影响，西方国家需求不旺，外贸出口遭遇重创，基本是所有行业都出现下滑，白银进出口也不例外，除了银粉出口65吨、同比增长361.11%外，其他白银精矿及产品进出口都大幅下滑。2009年国内出口银锭（未锻造银）3 554吨，较2008年同比下降12.09%；进口银精矿6.249万吨，同比下降10.91%；进口银粉1 412吨，同比下降6.55%。
>
> 2010年，由于国内经济发展，工业需求和投资需求大幅增加，国内白银企业通过大量进口银精矿生产白银满足国内市场需求。2010年，进口银精矿19.14万吨，同比大幅增长206.30%，出口银锭（未锻造银）1 422吨，较2009年下降60%，进口银粉1 395吨，同比下降1.17%。
>
> 2011年，由于国际金融危机影响，导致白银进出口下降，当年进口银精矿16.95万吨，同比下降11.44%，出口银锭（未锻造银）1 178.29吨，同比下降17.12%，进口银粉1 321.81吨，同比下降5.25%。

自测题

一、填空题

1. 世界上最大的白银消费国是（　　）。

2. （　　）年1月，中国人民银行取消了白银的统购统分，白银市场正式开放。

3. 全球约有（　　）的银资源是与铜、铅、锌、金等有色金属和贵金属矿床伴生的，只有（　　）是以银为主的独立银矿床。

4. 白银供应来源主要是（　　）。

5. 世界白银消费主要在于（　　）。

6. 生产出的白银银锭，根据我国的国家标准主要分为三个品种，也就是市场上所通称的一号银，二号银和三号银，一号银指的是含银量（　　）。

7. 中国"银都"是湖南（　　）。

8. 白银产业链的上游通过采矿以后，进行（　　），变成矿粉，最后（　　）。

9. 白银作为货币最早出现在战国，大量使用是在（　　）时期。

10. 1983年（　　）成立，成立了金银工作领导小组，强化全国白银生产建设的领导。

二、不定项选择题

1. 世界白银消费构成是（　　）。
    A. 工业应用消费　　　　B. 感光材料消费
    C. 珠宝首饰银器消费　　D. 铸币印章

2. 以下金属中，导电性最好是（　　）。
    A. 铜　　　　B. 银
    C. 铝　　　　D. 铁

3. "银盐"是指卤素与金属银形成的化合物的总称,下面是银盐的是
（　　）。

  A. 氯化银　　　　　　　　B. 溴化银

  C. 碘化银　　　　　　　　D. 硝酸银

4. 以下属于白银产业链上游产品的是（　　）。

  A. 银泥　　　　　　　　　B. 银精矿

  C. 含银矿石　　　　　　　D. 银耳环

5. 现在市场上主要运用的选矿方法包括（　　）。

  A. 浮选法　　　　　　　　B. 重选法

  C. 磁选法　　　　　　　　D. 电选法

6. 中国白银生产包括（　　）。

  A. 独立银矿产银　　　　　B. 铅锌铜金矿副产白银

  C. 进口银矿冶炼白银　　　D. 再生白银

7. 以下用于人工降雨的是（　　）。

  A. 氯化银　　　　　　　　B. 溴化银

  C. 碘化银　　　　　　　　D. 硝酸银

三、判断题

1. 白银最传统的工业应用——感光材料中白银的消费在全球趋势是逐年增加的。　　　　　　　　　　　　　　　　　　　　　　　（　　）

2. 白银制品在医药上可用作杀菌剂。　　　　　　　　　（　　）

3. 白银的导电性高于铜。　　　　　　　　　　　　　　（　　）

4. 1949年新中国成立后,为了稳定人民币的作用,国内允许白银自由流通。　　　　　　　　　　　　　　　　　　　　　　　　　（　　）

5. 美国是世界上最大的白银生产国。　　　　　　　　　（　　）

参考答案

一、填空题

1. 美国　2. 2000 年　3. 2/3，1/3　4. 矿石生产　5. 工业应用　6. 99.99%　7. 永兴县　8. 选矿、冶炼　9. 明清　10. 中国有色金属工业总公司

二、不定项选择题

1. ABCD　2. B　3. ABCD　4. ABC　5. ABCD　6. ABCD　7. C

三、判断题

1. 错　2. 对　3. 对　4. 错　5. 错

第三章

如何投资白银期货

本章要点

本章通过对白银期货市场的相关介绍,使读者了解到白银期货的上市背景、基本交易规则,如标准化合约、交易制度、交易流程以及交割的相关问题,帮助读者更好地理解白银期货市场,并为参与白银期货市场交易做好必要准备。

 一、全球主要的白银现货及衍生品市场有哪些?

白银在全球范围内的交易包括现货和期货,在时间上基本覆盖24小时,属于全天候交易品种,交易场所遍布全球多个金融中心,主要市场按交易时间顺序排列分别是悉尼(7:30~14:30)、东京(8:30~14:30)、新加坡（9：00～16：00）、中国香港地区（9：00～17：00）、苏黎世（15：00～23：00）、伦敦（夏令时15：30～23：30，冬令时16：30～00：30）以及纽约（夏令20：20～3：00，冬令21：20～4：00）。据美国期货业协会（FIA）对全球84家衍生品交易所的最新统计，2013年全球交易所共交易期货和期权合约216.4亿手，同比增长2.1%，其中全球白银期货交易活跃，交易量大幅增加，小型和微型白银期货合约表现抢眼，尤其是上海期货交易所连续交易制度（夜盘）被引入，这使得中国国内投资者们可以在欧洲和北美时段交易，极大地增加了白银期货交易量，使白银期货在上海期货交易所人气暴涨，2013年的交易量超过1.73亿手（单边），目前夜盘的成交量已经占据全天成交量的50%～70%。

从全球看，伦敦是白银现货的交易中心，而美国是全球最早开展白银期货交易的国家，对期货价格影响力巨大，因此全球白银市场中最受瞩目的是伦敦和纽约。我国境内白银市场主要是上海黄金交易所的白银现货Ag99.9、Ag（T+D）和上海期货交易所的白银期货。

（一）伦敦金银市场协会（LBMA）

伦敦金银协会（London Bullion Market Association）是一家总部位于英国伦敦、负责黄金白银现货交易的全球金银行业同业公会。LBMA同时为该协会会员和参与伦敦金银交易市场参与者提供服务的贸易行业中介机构。英国伦敦现在是全球最大的金银场外交易市场，LBMA的核心客户及其会员包括世界各国央行、黄金白银生产商、精炼商、金银加工企业和贸易企业等。

伦敦白银交易始于17世纪，主要为白银现货交易以及风险对冲的远期交易，是世界上目前最为权威和主流的现货白银投资交易方式。伦敦白银市场与世界上许多银矿、银商有广泛联系，而伦敦白银市场价格，也是世界上最重要的白银现货价格。伦敦白银市场特点除了针对现货之外，是它的定盘价制度。伦敦白银定盘价起始于1897年，每日伦敦金银定盘价主要由五大黄金、三大白银做市商通过对比交易订单确定基准价格，作为现货价格的参考指标价。其中，伦敦黄金定盘价影响着价值20万亿美元黄金市场的交易。不过，贵金属需求和贸易百年来已经发生巨大变化，伦敦定盘价制度不透明性和存在操纵性也备受争议。2014年8月14日，伦敦金银市场协会（LB-

MA）宣布旧的白银定盘价制度停止，并于 8 月 15 日引入新的定盘价制度，该定价机制将被一个名叫 London Silver Price 的新电子基准价取代，它由芝加哥商业交易所控股公司（CME）和汤森路透（Thomson Reuters）组成的财团与 LBMA 合作运营。LBMA 称，预计未来将有更多参与者加入新机制，包括银行、贸易商行、精练商和制造商等。

（二）芝加哥商业交易所集团（CME）

美国是白银期货的定价中心，芝加哥商业交易所集团（CME）的纽约商品交易所（COMEX）白银期货合约成交规模最大，影响力最强。根据纽约商品交易所的界定，它的期货交易分为 NYMEX 及 COMEX 两大分部，其中 NYMEX 负责能源、铂金及钯金交易，为能源和金属提供期货和期权交易，产生的价格是全球市场上的基准价格；其余的金属归 COMEX 分部负责，有金、银、铜、铝的期货和期权合约。COMEX 的白银期货成交量大，它的交易往往可以主导全球白银价格的走向，买卖以期货及期权为主，实际白银实物的交收占很少的比例。COMEX 参与者以大型的对冲基金及机构投资者为主，他们的买卖对市场产生极大的交易动力；庞大的交易量吸引了众多投机者加入，整个期货交易市场有很高的市场流动性。COMEX 白银期货合约见表 3-1。

表 3-1　　　　　　　　COMEX 白银期货合约

商品代码	SI
交易场所	CME Globex，CME ClearPort，公开喊价（纽约）
交易时间（所有时间均为纽约时间/美东时间）	CME GLOBEX（ETH）：周日至周五 18:00~17:15（17:00~16:15 芝加哥时间/美中时间），期间每天自 17:15（16:15 美中时间）起休市 45 分钟
	CME ClearPort：周日至周五 18:00~17:15（17:00~16:15 芝加哥时间/美中时间），期间每天自 17:15（16:15 美中时间）起休市 45 分钟

续表

商品代码	SI	
	公开喊价	周一至周五：8：25~13：25（7：25~12：25美中时间）
合约规模	5 000金衡盎司	
报价单位	美元美分/金衡盎司 请注意：价格以美元美分表示	
最小价格波幅	单笔交易包括期货转现货：0.5美分/金衡盎司。跨式或套利交易及结算价格：0.1美分/金衡盎司	
交易终止	交易于交割月份最后第3个营业日终止	
挂牌合约	在交易当月、之后2个月、23个月期间内的任何1月、3月、5月、9月，以及当前交易月开始后的60个月期间内的任何7月与12月进行交易交割	
交割方式	实物	
交割期间	交割可在交割月首个营业日起开始的任何营业日或交割月中之后任何营业日进行，但不得迟于交割当月的最后一个营业日	
以结算价交易（TAS）	TAS可在活跃的合约月份进行。有效交易月份包括3月、5月、7月、9月与12月。在任何给定的日期，TAS交易将只允许在一个单独合约月份中。TAS交易可按当日结算价或高于或低于结算价十个单位的任何有效价格增幅进行	
等级和质量规格	在该合约下交割的黄金应符合最低限度的995成色检测	
持仓限额	NYMEX持仓限额	
交易所规则	这些合约按照COMEX规则和条例挂牌交易并受其约束	

注：最新交易规则以交易所网站公布的为准。
资料来源：CME网站。

（三）上海黄金交易所（SGE）与上海期货交易所（SHE）

目前中国境内主要的白银交易市场是上海黄金交易所和上海期货交易所，分别上市交易白银现货和期货。

1. 上海黄金交易所由中国人民银行组建，于2002年10月30日正式开业，遵循公开、公平、公正和诚实信用的原则组织黄金、白银、铂等贵金属交易。

2006年10月30日，上海黄金交易所两个白银交易品种现货Ag99.9和Ag（T+D）延期交收品种上市。2013年，白银T+D成交量429 985 298千克（双边）。

2. 上海期货交易所受中国证监会集中统一监督管理。上海期货交易所目前上市交易的有黄金、白银、铜、铝、锌、铅、螺纹钢、线材、燃料油、天然橡胶、石油沥青、热轧卷板等期货合约，其中白银期货于2012年5月10日上市，2013年7月5日白银连续交易（夜盘）开启，当年白银期货合约成交量大幅增加，年成交量3.5亿手。

（四）东京工业品交易所（TOCOM）

东京工业品交易所，又称东京商品交易所，于1984年11月1日在东京建立，其前身为成立于1951年的东京纺织品交易所、成立于1952年的东京橡胶交易所和成立于1982年的东京黄金交易所，上述三家交易所于1984年11月1日合并后改为现名。该所是日本唯一的一家综合商品交易所，主要进行期货交易，并负责管理在日本进行的所有商品的期货及期权交易。该所经营的期货合约的范围很广，是世界上为数不多的交易多种贵金属的期货交易所。

（五）印度大宗商品交易所（MCX）

印度大宗商品交易所（MCX）于2003年11月在孟买成立，至今为止MCX已占有印度商品期货市场超过80%的份额。印度MCX交易所推出3种白银期货合约，分别是1千克的微型（Micro）白银期货合约、5千克的迷你（Mini）白银期货合约和30千克的白银期货合约。

（六）中国香港金银业贸易场

中国香港金银业贸易场成立于1910年，当时称为"金银业行"，直至第一次世界大战后才正式定名"金银业贸易场"及登记立案，是香港金与银等贵金属的交易场所。1974年,香港政府撤销了对白银进出口的管制之后香港白银市场发展迅速,并且由于港白银市场在时差上刚好填补了纽约、芝加哥市场收市和伦敦开市前的空当,可以连贯亚、欧、美,形成完整的世界白银市场,优越的地理条件使欧美金银商来香港设立分公司,将在伦敦交收的白银买卖活动带到香港,逐渐形成了一个无形的当地"伦敦银市场",促使香港成为世界主要的白银市场之一。

二、我国白银期货市场的发展历程是怎样的?

在我国白银期货上市以前,国际白银价格波动剧烈,由于国内缺乏权威的价格信号来指导企业生产和经营,我国白银的生产、消费、贸易企业面临较大的市场风险,迫切需要开展期货交易来发现价格并进行套期保值。2012年5月10日,经中国证监会批准,白银期货合约在上海期货交易所上市交易。白银期货的上市和功能的逐步发挥,将对白银产业产生深远的影响。

2013年4月15日,国际白银现货价格暴跌,单日跌幅超过12.41%。由于国内白银市场一直是国际白银的影子市场,国际白银价格的波动影响国内银价走势,并且国内交易所开盘时间与国际市场不一致,因此当日国内市场受国际影响而跳空大幅低开,甚至跌停开盘,国内白银期货和现货投资者"叫苦连连"。

2013年7月5日,上海期货交易所上线运行连续交易(夜盘),连续交易时间为每周一至周五的21:00至次日2:30,法定节假日(不包含双休日)前第一个工作日的连续交易不再交易。上海期货交易所的夜盘交易时间基本覆盖了芝加哥商业交易所集团(CME Group)旗下成交量最大的黄金白银电子盘的活跃交易时段(北京时间21:00~2:00),及伦敦金银市场协会每日第二次现货定盘价时间(北京时间23:00),使中国的期货交易时段与国际期货交易时段基本全部对接。

在连续交易的带动下，黄金白银品种的市场活跃度全面提升，市场潜力得到激发。截至 2013 年 12 月底，上海期货交易所连续交易时段白银期货成交 1.80 亿手，年内连续交易开启日均成交量较开启前日均成交量增长 7.12 倍。随着交易时段覆盖度的扩大，白银期货价格连续性得到改善，投资者的持仓规模显著提升。白银期货持仓量较连续交易开启前增长 99.94%，白银期货日均参与客户数较连续交易前环比上升 256.63%。白银期货合约明显活跃，逐渐形成了与纽约商业交易所（COMEX）相应品种近月合约联动的态势，期货与现货市场之间联动性增强。与此同时，白银主力合约出现了逐月换月的趋势，这些变化有利于改善价格连续性，提升产品的价格发现功能，合约持仓结构更趋优化。另外，白银期货单位客户日均持仓量较连续交易前环比增长 103.11%。白银期货日均套保持仓量较连续交易前环比增长 50.53%。单位客户持仓量和套保持仓量的大幅攀升显示连续交易上线以来产业客户参与度显著提升，白银期货市场在满足实体经济风险管理需求方面的功能发挥更加充分。参与白银品种的日均机构客户较连续交易前增长 140.10%。其中，特殊单位客户白银持仓量较连续交易上线前环比增长 357.24%；交易时间基本覆盖国际贵金属主要交易时段，国际相关市场之间的联动更加紧密。白银主力合约收盘价与 COMEX 白银主力合约对应时间价格之比平均为 6.28，价格表现出明显的相关性。

与此同时，上海期货交易所在全球贵金属期货市场中份额显著提升。目前，上海期货交易所白银成交量与同期 COMEX 白银标准合约成交量之比由连续交易上线前均值 0.28 增长至 2.67，提高约 9.5 倍。连续交易上线以来白银期货成交量已稳超 COMEX 同期白银成交量。连续交易成功推出后，白银期货成交量已跃居全球第一，白银合约也获得期货期权世界杂志（FOW）颁发的"2012~2013 年度亚洲最佳合约"。

> **延伸阅读**
>
> ## 中国白银市场经历了哪些发展阶段？
>
> 1. 新中国初期的白银管理。为了稳定人民币，中国人民银行于1950年4月制定下发了《金银管理办法》（草案）冻结民间金银买卖，由中国人民银行经营管理，实施统购统配政策，严厉打击银行投机倒把和走私活动。这一政策实施增加了国家金银储备，巩固了人民币的本币地位。
>
> 2. 改革开放前（1955～1978年）的金银管理。1977年10月，中国人民银行制定了《中国人民银行金银管理办法》（试行），为金银管理工作提供了准则，这是新中国第一个金银管理规章，主要任务是调整金银的收购政策，鼓励金银生产，保证国家大规模的经济建设对金银的大量需求。
>
> 3. 改革开放后的金银管理。此阶段的主要任务是调整金银管理方法和加强金银法制建设，促进金银管理由保管型向经营管理型转变，适应和保证国家经济建设、改革开放及人民生活对金银的需求。
>
> 1983年6月，国务院发布《中国人民银行金银管理条例》，对金银的生产、收购、配售、加工、使用、回收、出土、进出口等提出明确的法规规定。同年12月《中国人民银行金银管理条例实施细则》发布实施。
>
> 1984年1月，中国人民银行与海关总署共同制定《金银进出国境的管理办法》。
>
> 4. 白银市场的全面放开。从2000年1月1日起，中国人民银行不再办理白银收购配售业务，取消白银统购统配的管理体制，放开白银市场，允许白银生产企业与用银单位产销直接见面；取消对白银制品加工批发零售业务的许可证管理制度（银币除外），对白银生产经营活动按照一般商品的有关规定管理。这一规定实施标志我国白银市场全面开放。

三、上海期货交易所上市的白银期货合约基本规则如何？

大家知道，期货交易是以期货合约为交易标的物，期货合约是由期货交易所统一制定的、规定在将来某一特定的时间和地点交割一定数量和质量商品的标准化合约，对于白银期货商品的供给方和需求方而言，只能按照规定标准的白银进行交易或者交割，没有其他可选择项。白银期货合约的这种标准化的特性虽然减弱了交易者的选择权，但能使市场参与者更容易找到对手方，便于促成交易。上海期货交易所白银期货合约见表 3 – 2。

表 3 – 2　　　　　　　上海期货交易所白银期货合约

交易品种	白　　银
交易单位	15 千克/手
报价单位	元（人民币）/千克
最小变动价位	1 元/千克
每日价格最大波动限制	不超过上一交易日结算价 ±3%
合约交割月份	1～12 月
交易时间	上午 9：00～11：30，下午 1：30～3：00 和交易所规定的其他交易时间
最后交易日	合约交割月份的 15 日（遇法定假日顺延）
交割日期	最后交易日后连续 5 个工作日
交割品级	标准品：符合国标 GB/T 4135 – 2002IC – Ag99.99 规定，其中银含量不低于 99.99%。
交割地点	交易所指定交割仓库
最低交易保证金	合约价值的 4%
交割方式	实物交割
交割单位	30 千克
交易代码	AG
上市交易所	上海期货交易所

资料来源：http://www.shfe.com.cn/products/ag/standard/184.html，2013 年 7 月 23 日，如有更改，以交易所公布合约为准。

白银期货合约规定的标准化条款包括以下内容：（1）标准化的数量和数量单位。上海期货交易所规定每张白银期货合约单位为15千克。每个合约单位称之为1手，换句话说，参与交易的人最少交易的数量是15千克白银，交易的数量必须是15千克的整数倍。（2）标准化的商品质量等级。在期货交易过程中，交易双方就无须再就商品的质量进行协商，这就大大方便了交易者。（3）标准化的交割地点。期货交易所在期货合约中为期货交易的实物交割确定经交易所注册的统一的交割仓库，以保证双方交割顺利进行。（4）标准化的交割期和交割程序。期货合约具有不同的交割月份，交易者可自行选择，一旦选定之后，在交割月份到来之时如仍未对冲掉手中合约，就要按交易所规定的交割程序进行实物交割。（5）交易者统一遵守的交易报价单位、每天最大价格波动限制、交易时间、交易所名称等。

小贴士

白银期货合约为什么设置为15千克/手？

1. 降低投资门槛，提高品种活跃度。按照当前白银期货的标准，每手15千克，主力合约报价3 500元/千克，期货公司保证金12%，则做一手白银期货需占用保证金6 000元左右，这大大降低了投资白银期货的门槛，充分运用了白银投资所具有的群众基础，令中小投资均可自由参与到白银期货市场中来，增加了品种的活跃度。

2. 与上海黄金交易所白银T+D呼应，便于推广。上海黄金交易所早在2004年就推出白银TD，并于2008年对个人投资者开放，在时间上远远要早于白银期货。白银TD虽交易单位为1千克/手，但交割单位为15千克/手，白银期货设定为15千克/手，实现了新旧事物的衔接，使白银期货更容易为投资者接受；同时也避免了期现套利过程中不必要的麻烦，如单位换算，对冲比例换算等。

四、白银 T+D 与白银期货合约的交易规则有什么差异?

白银 T+D 与白银期货有很多相似之处,如都是保证金杠杆交易、双向交易、T+0 交易模式、均有夜盘交易等。但是二者在以下方面还是有所区别:

(一)上市交易所和交易通道不同

白银期货在上海期货交易所交易,交易通道为期货交易所会员,主要是期货经纪公司;白银 T+D 在上海黄金交易所进行,交易通道为交易所会员,主要是白银企业和商业银行等。

(二)交割期限不同

白银期货有规定的交割时间、数量等;而白银 T+D 没有规定明确的交割时期,由买卖双方根据需要而定。

(三)交易功能不同

期货交易的主要功能之一是发现价格;而白银 T+D 延期交收是远期的供需协议,流动性较低,不具备期货集中交易,发现价格的功能。

(四)保证金制度不同

期货交易与 T+D 保证金标准不同,通常情况下期货的保证金标准较低,T+D 较高,但是随着白银期货合约临近交割月以及持仓量的变化,保证金比例会有相应调整。

(五)交割品级和交割单位不同

白银期货的交割品级为符合国标 GB/T 4135-2002IC-Ag99.99 规定,其中银含量不低于 99.99%,交割单位为 30 千克;而白银 T+D 的交割品级为 99.90% 以上的标准银锭,交割单位为 15 千克。

（六）费用标准不同

白银期货交易费用较低，白银 T+D 交易费用相对较高。另外，白银 T+D 在持仓期间，每天有万分之二的延期费（其支付方向要根据当日交收申报的情况来定），而白银期货没有持仓费用。

（七）交易时段不同

白银期货交易时间为每周一至周五的 21：00 至次日下午 15：00，法定节假日（不包含双休日）前第一个工作日的连续交易不再交易，而白银 T+D 交易时间在夜盘时段比期货多一个小时，为 20：00 至次日下午 15：00。

小贴士

上海期货交易所保证金调整

上海期货交易所实行交易保证金制度，白银期货合约中规定的最低交易保证金为合约价值的 4%，交易所会根据市场风险状况和相关规则调整保证金，目前执行的交易保证金为 7%。另外，期货公司会根据风险控制的要求，向客户提高保证金的收取水平，交易所调整保证金的情况通常有以下几种：(1) 交易所根据白银期货合约持仓的不同数量调整交易保证金（见表 3-3）；(2) 交易所根据白银期货合约上市运行的不同阶段（即：从该合约新上市挂牌之日起至最后交易日至）调整交易保证金（见表 3-4）；(3) 其他需调整保证金的情况。

表 3-3　　白银期货合约持仓量变化时的交易保证金收取标准　　单位：手

从进入交割月前第三个月的第一个交易日起，当持仓总量（X）达到下列标准时	白银交易保证金比例
X≤30 万	4%
30 万＜X≤60 万	7%
X＞60 万	10%

注：X 表示某一月份合约的双边持仓总量。

资料来源：上海期货交易所。

表3-4　白银期货合约合约上市运行不同阶段交易所保证金手续标准

交易时段	白银期货交易保证金比例
合约挂牌之日起	4%
交割月前第一个月的第一个交易日	10%
交个月份第一个交易日起	15%
最后交易日前两个交易日起	20%

资料来源：上海期货交易所。

五、白银期货价格的波动特征如何？

白银价格是其交换价值在流通过程中所取得的转化形式，主要受供求关系的影响。从图3-5中看，国内白银期货价格与现货价格走势接近，但又有所区别，这主要与白银期货的价格波动性有关。

首先，白银期货价格是在期货市场上通过公开竞价方式形成的期货合约标的物的价格，是买卖双方约定在一定日期实行交割的价格，受到市场对未来白银供求预期因素的影响，其表现的是对未来白银价格的预期。

其次，白银期货价格相对现货价格波动更为剧烈。由于白银未来的供求因素及其他影响白银价格的因素是不确定的，经常处于变化之中，并且白银期货价格的形成是集中在交易所内，对各种因素反应敏捷，因而白银期货价格变动更加敏感，相对现货价格波动更为剧烈。

第三，在正常情况下，白银期货的价格相对现货价格较高，即基差为负值。基差是指某一商品在某一特定时间和地点的现货价格与该商品在期货市场的期货价格之差，即基差＝现货价格－期货价格。期货价格高于现货价格是由于持仓成本和储存成本的影响，不过期货价格也有低于现货价格的时候，这基本上是受到了未来供给增加、需求减弱的影响。

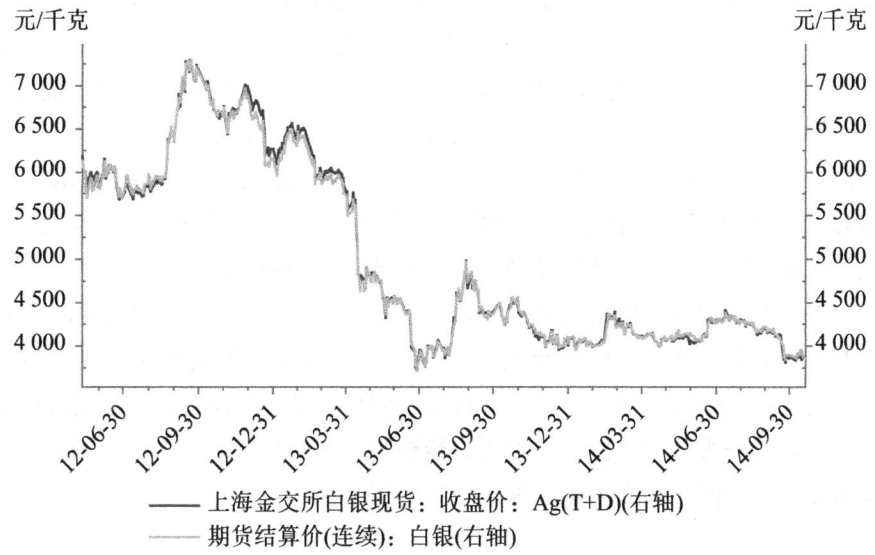

图 3-1 上海黄金交易所白银 T+D 与上海期货交易所白银期货价格走势图

资料来源：Wind 资讯。

 六、白银期货单向大边保证金制度是如何规定的？

在 2014 年 3 月份，小王根据行情判断，认为未来沪银 1412 合约与沪银 1406 合约两者价格差会逐步缩小，3 月 19 日以 4 290 元/千克的价格卖出一手沪银 1412，以 4 215 元/千克买入一手沪银 1406 合约，两者价差 75 元/千克，按照 13% 的保证金比率计算，卖出沪银 1412 的保证金 = 4 290 × 15 × 13% = 8 365.5 元，买入沪银 1406 的保证金 = 4 215 × 15 × 13% = 8 219.25，如果不采取单向大边保证金制度，小王需要的保证金 = 卖出沪银 1412 的保证金 + 买入沪银 1406 的保证金 = 16 584.75 元，执行单向大边保证金制度的话，小王只需要缴纳沪银 1412 和 1406 两个合约保证金的较大者即 8 365.5

元，就可以同时拥有卖出沪银 1412 和买入沪银 1406 的仓位组合。

单向大边保证金制度将投资者的同品种持仓视为一个投资组合，对同一客户在同一会员处的同品种双向持仓直接按照保证金金额较大的一边收取交易保证金，会员交易保证金为其席位下全部客户交易保证金之和。上海期货交易所单向大边保证金制度自 2013 年 12 月 27 日收盘结算起正式实施。数据显示，2013 年 12 月 27 日盘后结算单向大边收取保证金较原有的双向收取保证金少收取约 18 亿元，对于有双向持仓的投资者来说，交易保证金降幅最高可达 50%。

上海期货交易所推出的单向大边保证金制度，能够盘活市场存量资金，提升市场的资金效率，降低市场运行成本，这项制度无须资格的申请或审批，实行起来快捷方便，非常利于投资者的日常操作。同时，该制度降低了套保企业持仓头寸的总体资金占用，能够活跃企业基差交易，更好发挥期货价格发现的功能，提高了企业进场交易的积极性。

七、白银期货的收盘价与结算价有什么区别？

白银期货的收盘价是指期货合约每日 15:00 最后一个买卖双方的成交价格。

白银期货结算价就是每天收盘后，取某一期货合约当日成交价格按照成交量的加权平均价。主要目的是来计算每个未平仓持仓的盈亏状况。同时，作为第二天涨停跌开始计算的价位。也就是说，结算价是一个理论上的价格，其目的是要调配空多双方的资金（保证金）划转。

假设白银 1410 合约在某一个交易日成交情况如下：在价格 4 000 元/千克时，成交 10 手，在价格 4 050 元/千克时，成交 5 手，在价格是 4 060 元/千克时，成交 6 手，则结算价 = 当日成交价格按照成交量的加权平均价 = (4 000×10 + 4 050×5 + 4 060×6) / (10+5+6) = 4 029（元/千克）。了解了结算价之后，我们就可以根据结算价计算下一个交易日的涨跌停价位，比如白银期货目前实行的涨跌停比例是结算价的 6%，那么下一个交易日价格的最大值不能超过 4 270 （≤4 029×1.06 的整数）元/千克，最小值不能低于 3 788 （≥4 029×0.94 的整数）元/千克。

期货市场相关结算机构每日都会对投资者的交易、资金等情况进行结算，即实行当日无负债结算制度，又称"逐日盯市"，其原则是结算部门在每日交易结束后，按当日结算价对会员和投资者结算所有合约的盈亏、交易保证金及手续费、税金等费用，对应收应付的款项实行净额一次划转，相应增加或减少保证金。交易结束后，一旦会员或投资者的保证金余额低于规定的标准时，将会收到追加保证金的通知，两者的差额即为追加保证金金额。

八、白银的限仓和大户报告制度是如何规定的？

大家都知道，在白银期货市场里，如果大户操纵市场价格或者风险过度集中于少数投资者身上，不仅侵害了普通投资者的利益，而且对于白银期货市场的长期发展也是十分不利的。上海期货交易所通过对会员及客户的持仓数量进行限制，并且要求当会员或客户在白银期货合约的投机头寸达到交易所对其规定的头寸持仓限量80%以上（含本数）时，会员或客户应向交易所报告其资金情况、头寸情况等制度来控制市场风险。具体的规定情况见表3-5。

表3-5 白银期货合约在不同时期的限仓比例和持仓限额一般规定

合约挂牌至交割月		合约挂牌至交割月前第二月的最后一个交易日		交割月前第一月		交割月份	
某一期货合约持仓量（手）	限仓比例	限仓手数（手）		限仓手数（手）		限仓手数（手）	
		非期货公司会员	客户	非期货公司会员	客户	非期货公司会员	客户
≥30万	25%	6 000	6 000	1 800	1 800	600	600

注：表中某一期货合约持仓量为双向计算，期货公司、非期货公司会员。

资料来源：上海期货交易所。

九、什么是白银期货的连续交易?

2013年7月5日,上海期货交易所上线运行连续交易(夜盘)。白银期货的连续交易是指每周一至周五的晚21时至次日凌晨2时30分作为连续交易时段,此时段与上海黄金交易所夜盘时间基本一致,并覆盖了芝加哥商业交易所集团(CMEGroup)旗下成交量最大的黄金市场的活跃交易时段(北京时间21:00~2:00)及伦敦金银市场协会每日第二次现货定盘价时间(北京时间23:00)。连续交易和次日日盘交易第一节作为次日交易第一节,连续交易不进行单独结算,交易、风险管理制度规则保持不变,同时将集合竞价提前至连续交易进行,强行平仓制度也按照原有规则执行。连续交易制度的推出,顺应了实体企业对期货品种定价和风险管理要求,有利于提高价格连续性和影响力。

白银期货连续交易(夜盘)的上市无疑将丰富国内市场的交易模式,便于投资者规避隔夜国际市场白银价格波动风险,对于完善国内贵金属市场意义重大。

(一) 有利于服务实体经济

推出连续交易制度,顺应了实体企业对期货品种的定价和风险管理的要求。作为为现货市场提供风险管理工具的期货市场,理应从服务实体经济的角度出发,延长现有的交易时间以覆盖现货市场的定价时段,从而深化为实体经济服务的功能。

(二) 有利于提升国内白银价格的权威性和影响力

虽然近年来国内期货市场发展迅速,但与发达国家相比还有较大差距。尤其是白银作为国际性的金融商品,主要的定价机制还是由欧美决定。推出白银连续交易后,能够和欧美市场同时进行交易,便于国内投资者管理自己的风险，同时丰富国内市场的交易模式，而且通过交易时段的扩大，促使国内外白银市场联动更为紧密，有利于提高白银价格的连续性和影响力。

（三）有利于降低价格跳空风险，吸引更多投资者参与，优化投资者结构

连续交易制度的实施可为市场投资者提供更为充裕的交易时段以对冲交易风险和价格跳空风险，可以有效吸引机构投资者和国内的外盘投资者回归境内，拓宽投资者的参与空间，优化投资者结构。

（四）有利于促进期货市场的功能发挥

引入连续交易制度符合我国期货市场加快国际化进程的需要，将更有利于国内市场借鉴国际经验，深化改革，扩大开放，推动期货市场在更高层次服务于国民经济发展。

十、白银期货的交易流程是怎样的？

就像股票等其他证券类交易一样，白银期货的交易流程可以概括为以下几个环节：开户、下单、竞价、结算、交割。交割是期货市场较其他虚拟证券不同的地方，他实现了从虚拟市场到钱货两清的商品市场的转移，当然，在期货交易的实际操作过程中，大多数白银期货交易者都会选择买入卖出平仓的方式了结持仓，进入交割环节的比重较小，因此交割环节有时并不是交易流程的必经环节（见图3-2）。

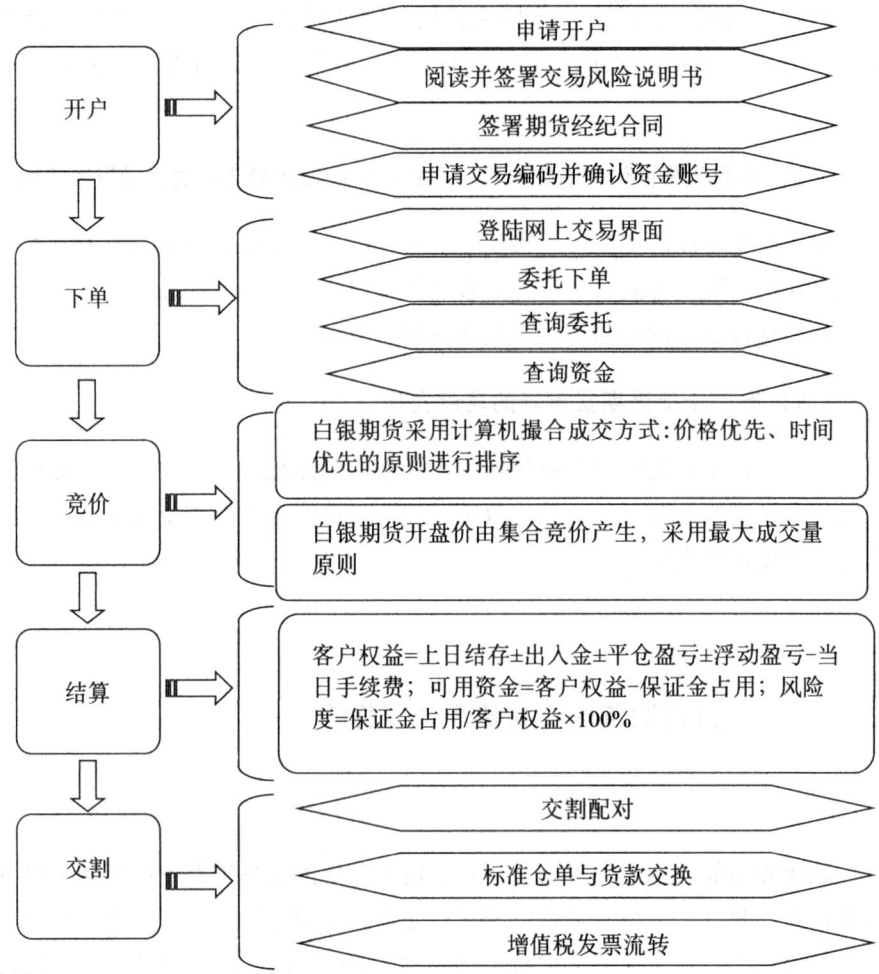

图 3-2 白银期货合约交易流程

图表处理：招金期货。

十一、白银期货的连续交易在什么时候结算？

上海期货交易所白银期货的连续交易结算是以下午 15:00 以后的结算作为当天的结算，21:00 到次日 2:30 进行夜间时段的交易可以作为第二天交易的早间时段交易，相当于一种早盘交易，不进行单独结算，并交易、风险管理制度规也保持不变。举例说明，如 2014 年 8 月 5 日晚间 21:00 至次日（8 月 6 日）的凌晨 2:30，以及 8 月 6 日的 9 点至 11:30 和 13:30 至 15:00 的交易作为一个交易日进行结算。具体的交易结算结果又以下几种查询方式：

方式一：（推荐）登录中国期货保证金监控中心投资者查询服务系统网站，（https：//investorservice.cfmmc.com/）查询最近两个月的期货交易结算结果和有关期货交易的其他信息，并对交易结果进行确认。

方式二：登录期货交易系统时，系统界面会自动弹出上一交易日的交易结算单，经确认后，方能进入交易系统 。

方式三：可以向相关期货公司所属营业部或业务部门提交申请，期货公司结算及风险控制部会将交易者的结算单打印盖章，并按照约定方式送达。

期货结算账单分为逐日盯市和逐笔对冲两种，两种方式的盈亏显示有所不同，逐日盯市方式是根据每日结算价来计算盈亏，逐笔对冲方式是根据开仓价和平仓价之间的差额来计算盈亏。具体计算方法如下：

1. 逐日盯市方式相关术语计算。

平仓盈亏（逐日盯市）＝平当日仓盈亏＋平历史仓盈亏；

平当日仓盈亏＝当日开仓价与平仓价之差×手数×交易单位；

平历史仓盈亏＝平仓价与昨日结算价之差×手数×交易单位；

持仓盈亏（逐日盯市）＝持当日仓盈亏＋持历史仓盈亏；

持当日仓盈亏＝当日结算价与当日开仓价之差×手数×交易单位；

持历史仓盈亏＝当日结算价与昨日结算价之差×手数×交易单位；

当日盈亏＝平仓盈亏（逐日盯市）＋持仓盈亏（逐日盯市）；

当日结存（逐日盯市）＝上日结存（逐日盯市）＋当日存取合计＋当日盈亏－当日手续费；

客户权益＝当日结存（逐日盯市）

2. 逐笔对冲方式相关术语计算。

平仓盈亏（逐笔对冲）＝开仓价与平仓价之差×手数×交易单位；

浮动盈亏＝当日结算价与开仓价之差×手数×交易单位；

当日结存（逐笔对冲）＝上日结存（逐笔对冲）＋当日存取合计＋平仓盈亏（逐笔对冲）－当日手续费；

客户权益（逐笔对冲）＝当日结存（逐笔对冲）＋浮动盈亏

十二、所有市场参与者都可以参与白银期货交割吗？

实物交割指的是白银期货合约到期时，采用白银现货所有权转移的方式了结到期未平仓合约的过程。有些市场参与者，尤其是自然人，由于不能交付或者接收增值税专用发票，因此不能参与实物交割。上海期货交易所规定，某一期货合约最后交易日前第3个交易日收盘后，自然人客户该期货合约的持仓应当为0手。自最后交易日前第2个交易日起，对自然人客户的交割月份持仓直接由交易所强行平仓。

十三、白银期货交割仓库和白银质量检验机构有哪些？

白银期货的交割仓库数量较其他期货商品的数量较少，因为交割库只建在上海，白银产业链企业如果要进行实物交割的话，建议仔细核算入库成本（见表3-6）。

表 3-6　　上海期货交易所白银指定交割仓库及质量检验机构

仓库名称	存放地址	邮编	到达站/港
中储发展股份有限公司	上海市宝山区宝杨路 2069 号	201999	上海杨行站；专用线：五钢物流专用线
中国外运华东有限公司	上海市虹井路 865 号	201103	
上海期货交易所指定白银质量检验机构			
中国检验认证集团检验有限公司	国家金银制品质量监督检验中心（上海）		

资料来源：上海期货交易所。

十四、白银期货实物交割期买卖双方都需要做哪些准备？

实物交割期是指该合约最后交易日后的连续 5 个工作日。该 5 个交割日分别称为第一、第二、第三、第四、第五交割日，第五交割日为最后交割日。

比如有企业要交割 Ag1403 合约，最后交易日是 2014 年 3 月 17 日，在接下来的五个交割日这些企业需要做的工作是：

（一）第一交割日（2014 年 3 月 18 日）

1. 买方申报意向。买方在第一交割日内，向交易所提交所需商品的意向书。内容包括白银的品种、牌号、数量和指定交割仓库名等。

2. 卖方交标准仓单。卖方在第一交割日内通过标准仓单管理系统将已付清仓储费用的有效标准仓单交交易所。

（二）第二交割日（2014 年 3 月 19 日）

交易所分配标准仓单。交易所在第二交割日根据已有资源，按照"时间优先、数量取整、就近配对、统筹安排"的原则，向买方分配标准仓单。不能用于下一期货合约交割的标准仓单，交易所按所占当月交割总量的比例向买方分摊。

（三）第三交割日（2014年3月20日）

1. 买方交款、取单。买方应当在第三交割日14:00前到交易所交付货款并取得标准仓单。

2. 卖方收款。交易所应当在第三交割日16:00前将货款付给卖方，如遇特殊情况交易所可以延长交割货款给付时间。

（四）第四、五交割日（2014年3月21日、2014年3月24日）

卖方交增值税专用发票。

十五、白银期货的交割品牌有哪些？

上海期货交易所对于白银交割品级有明确规定，银含量不低于99.99%，质量标准需符合国标GB/T 4135-2002中关于IC-Ag99.99的规定，并且每一仓单的银锭，应当是交易所批准的注册品牌，须附有生产者出具的质量证明书（见表3-7）。

表3-7 上海期货交易所银锭注册商标、包装标准及升贴水标准

序号	国别	注册企业	产地	注册日期	商标	外形尺寸（mm）	块重（kg）	牌号
1	中国	河南豫光金铅股份有限公司	河南济源	201205	YG	15kg：(370±5)×(135±2)×(31±2) 30kg：正面(300±10)×(130±10) 底面(275±10)×(110±10) 高90±5	15/30	Ag99.99

第三章　如何投资白银期货　83

续表

序号	国别	注册企业	产地	注册日期	商标	外形尺寸（mm）	块重（kg）	牌号
2	中国	江西铜业股份有限公司	江西贵溪	201205	江铜	15kg：(375±25)×(135±10)×(30±5) 30kg：正面(295±20)×(150±10) 底面(255±10)×(110±10) 高85±6	15/30	Ag99.99
3	中国	云南铜业股份有限公司	云南昆明	201205	铁峰	15kg：(370±5)×(135±3)×(30±2) 30kg：正面(270±5)×(142±5) 底面(250±5)×(115±5) 高92±5	15/30	Ag99.99
4	中国	铜陵有色金属集团股份有限公司	安徽铜陵	201205	铜冠	(365±5)×(135±2)×(30±2)	15	Ag99.99
5	中国	河南金利金铅有限公司	河南济源	201205	济金	(380±5)×(132±2)×(30±2)	15	Ag99.99
6	中国	湖南宇腾有色金属股份有限公司	湖南郴州	201205	宇腾	(370±5)×(135±2)×(30±1)	15	Ag99.99
7	中国	湖南水口山有色金属集团有限公司	湖南衡阳	201205	SKS	(370±5)×(135±5)×(30±2)	15	Ag99.99
8	中国	山东招金集团有限公司	湖南永兴	201205	招金	(370±5)×(135±2)×(30±2)	15	Ag99.99

续表

序号	国别	注册企业	产地	注册日期	商标	外形尺寸（mm）	块重（kg）	牌号
9	中国	云南驰宏锌锗股份有限公司	云南曲靖	201205	驰宏锌锗	(368±5)×(133±2)×(30±1)	15	Ag99.99
10	中国	株洲冶炼集团股份有限公司	湖南株洲	201205	火炬	(370±5)×(135±2)×(30±1)	15	Ag99.99
11	中国	河池市南方有色冶炼有限责任公司	广西河池	201205	索日	(360±5)×(130±5)×(30±2)	15	Ag99.99
12	中国	大冶有色金属有限责任公司	湖北黄石	201209	大江	15kg：(370±5)×(135±2)×(30±2) 30kg：正面(320±10)×(130±10)×底面(300±10)×(120±10) 高75±10	15/30	Ag99.99
13	中国	阳谷祥光铜业有限公司	山东阳谷	201209	XIANGGUANG	(370±5)×(135±2)×(31±2)	15	Ag99.99
14	中国	济源市万洋冶炼（集团）有限公司	河南济源	201209	万洋	(375±5)×(130±1)×(30±1)	15	Ag99.99
15	中国	浙江宏达金属冶炼有限公司	浙江上虞	201303	ZJHDYL	(365±5)×(135±2)×(30±2)	15	Ag99.99
16	中国	广东金业贵金属有限公司	广州花都	201306	JINYE	(365±5)×(135±2)×(30±2)	15	Ag99.99
17	中国	金川集团股份有限公司	甘肃金昌	201406	金驼	(370±5)×(135±2)×(30±2)	15	Ag99.99
18	中国	湖南华信有色金属有限公司	湖南资兴	201411	CHANGYIN	(365±5)×(135±2)×(30±2)	15	Ag99.99

资料来源：http://www.shfe.com.cn/products/ag/standard/187.html，2014年7月21日。

十六、白银期货标准仓单是如何生成的？

任何机构应在标准仓单管理系统中先开立标准仓单账户（以下简称账户），方可持有标准仓单，参与标准仓单业务。标准仓单账户实行一户一码，即一个机构只能拥有一个标准仓单账户。标准仓单业务：仓单生成、期货交割、充抵保证金、转让、质押、提货。标准仓单的生成步骤见图3-3。

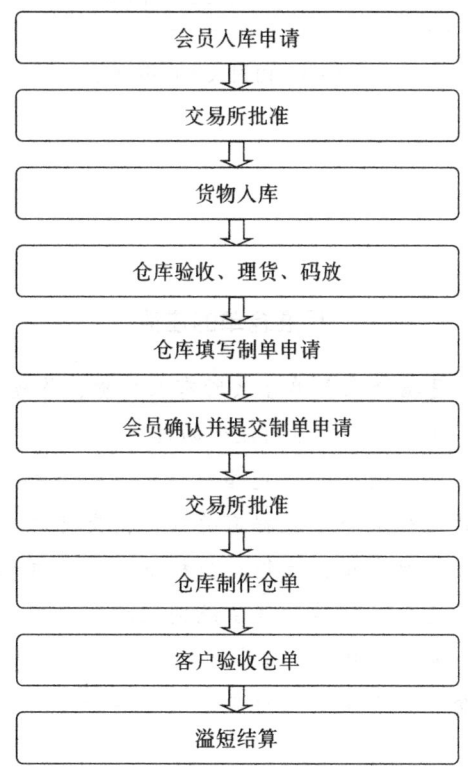

图3-3 标准仓单生成步骤

资料来源：上海期货交易所。

白银入库申报流程见图3-4。

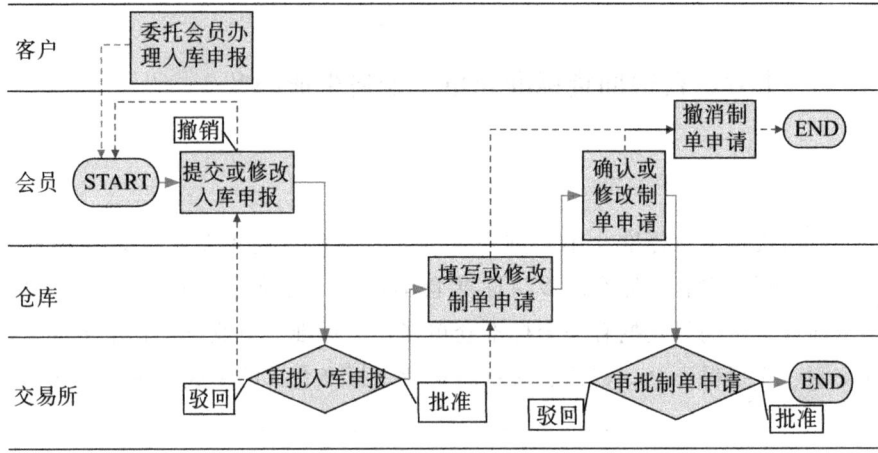

图3-4 白银入库申报流程

资料来源：上海期货交易所。

小贴士

标准仓单的注销

标准仓单注销是指标准仓单合法所有人提货、作废或换新仓单以后，由指定交割仓库办理标准仓单退出流通的过程。

1. 作废流程。标准仓单作废是指标准仓单的合法所有人对指定交割仓库签发的已生效的标准仓单数据有异议，提交标准仓单作废申请，经指定交割仓库和交易所审核，注销对应标准仓单的过程。其业务流程如下：仓单所有人通过标准仓单管理系统提交标准仓单作废申请；指定交割仓库审核标准仓单作废申请；交易所审核标准仓单作废申请（见图3-5）。作废的标准仓单如需生成相对应新的标准仓单，应到交易所重新办理交割预报手续。

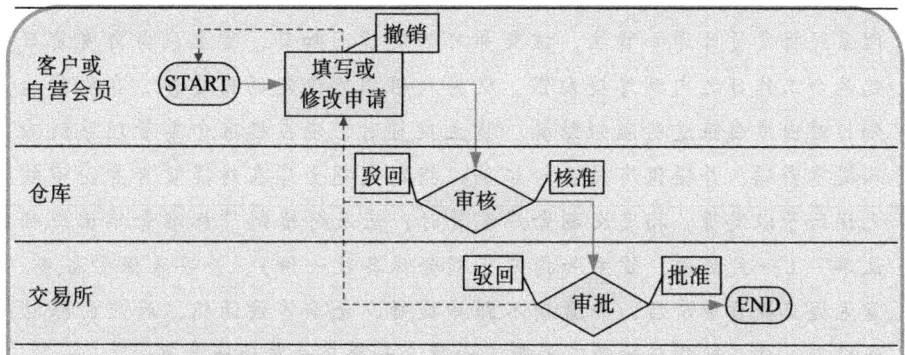

图3-5 作废流程

资料来源：上海期货交易所。

2. 出库流程。白银仓单出库的业务流程如下：货主提货时，应通过标准仓单管理系统提交出库申请，并选择提货地。仓单出库申请经仓单所有人复核后提交给交易所；交易所在货主选择的提货地内统筹安排提货库，并在货主提交提货申请后的五个交易日内确定其中一个交易日为发货日（见图3-6）。在发货日前的某一交易日，交易所通过标准仓单管

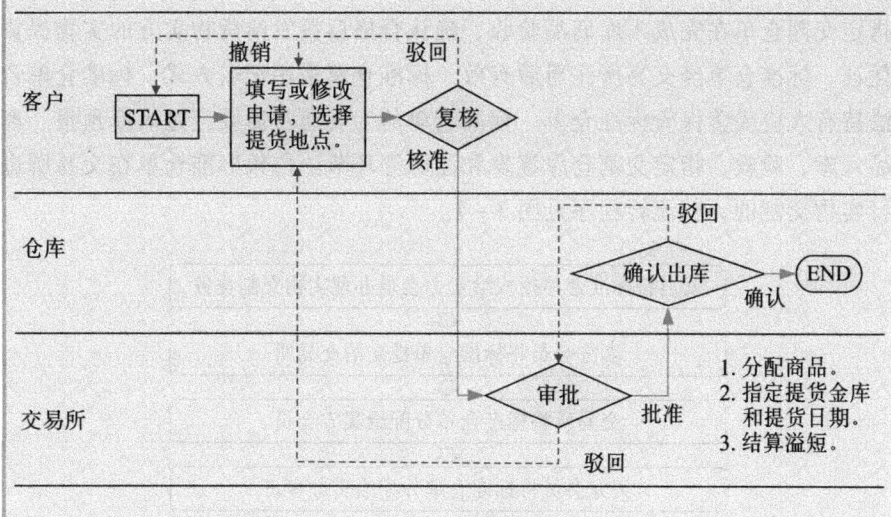

图3-6 出库流程

资料来源：上海期货交易所。

理系统将发货日通知货主,该交易日为发货通知日,货主应当自发货日起两个工作日之内到库提白银。交易所根据已选定的出货库,在发货通知日对出库白银进行溢短结算。货主提货时,应在标准仓单管理系统输入提货密码,并提供有效身份证件,指定交割金库在对提货者身份审核无误后予以发货。指定交割金库发货时,应及时填制"标准仓单出库确认单"(一式两份,货主和指定交割金库各执一份),并妥善保管备查。货主提交提货申请后,如逾期不到库提货,仓单将被注销,对应白银转成现货。转成现货金锭的有关费用由货主和金库自行协商结算。

十七、白银期货标准仓单如何流转?

标准仓单是由期货交易所指定交割仓库按照交易所规定的程序签发的符合合约规定质量的实物提货凭证。标准仓单是由交易所统一制定的、交易所指定交割仓单在完成入库商品验收,确认合格后签发给货物卖方的实物提货凭证。标准仓单经交易所注册后有效。标准仓单采用记名方式,标准仓单合法持有人应妥善保管标准仓单。标准仓单的生成通常需要经过入库预报、商品入库、验收、指定交割仓库签发和注册等环节。白银标准仓单在交易所进行实物交割的,其流转程序见图3-7。

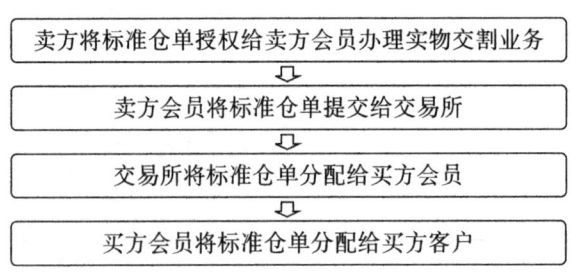

图3-7 标准仓单流转流程

资料来源:上海期货交易所。

十八、参与白银期货交割需要注意哪些问题?

某白银现货企业准备参与多次白银期货交割,很多细节问题需要注意,就白银期货交割中需要注意的问题总结如下:(1)交割单位30千克/手,是交易单位的两倍,因此在交割时需将持仓调整到交割单位的整数倍。(2)交割品级很严格,须符合国标 GB/T 4135-2002IC-Ag99.99 规定,其中银含量不低于99.99%。(3)交割商品应当是在本交易所注册的生产厂生产的注册商标商品。(4)交割银锭的规格为15千克±1千克和30千克±2千克,且每一仓单的银锭,应当是由同一生产企业生产、同一牌号、同一注册商标、同一块形的商品组成。(5)国产商品应当提供注册生产企业出具的产品质量证明书;进口商品:相关进口商品的单证要求由交易所另行发布。(6)每张银锭标准仓单溢短不超过±2千克,每块银锭磅差不超过±1克。(7)在交割期内,如当日14:00之前办妥标准仓单、增值税专用发票、货款等交割事宜的,交易所当日即清退其相应的交割部位保证金。如当日14:00之后办妥的,交易所会在下一交易日清退交割部位保证金。(8)注意交收地点是交易所指定交割仓库。

小贴士

期货转现货

期转现是指持有方向相反的同一月份合约的会员(客户)协商一致并向交易所提出申请,获得交易所批准后,分别将各自持有的合约按交易所规定的价格由交易所代为平仓,同时按双方协议价格进行与期货合约标的物数量相当、品种相同、方向相同的仓单的交换行为。期转现的期限为欲进行期转现合约的上市之日起至交割月份最后交易日前二个交易日（含当日）止。持有同一交割月份合约的买卖双方会员（客户）达成协议后，在上述期限内的交易日的14:00前，到交易所申请办理期转现手续，填写交易所统一印制的期转现申请单。

1. 期转现申请流程。此流程由卖出方提交申请，买入方确认，如申请由买入方提交，则卖出方确认（见图3-8）。

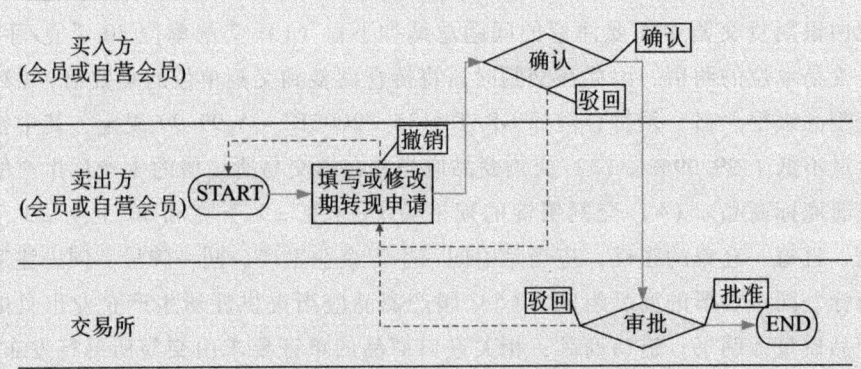

图3-8 期转现申请流程

资料来源：上海期货交易所。

2. 期转现交割（自营会员不需仓单授权）。使用标准仓单并通过交易所结算的期转现业务流程如下：

卖方会员提交仓单：卖方会员在规定期限内通过标准仓单管理系统将标准仓单提交给交易所；交易所分配仓单。交易所将标准仓单分配给买方会员；买方会员交款后，交易所释放分配到该会员名下的标准仓单，并将货款付给卖方会员。

买方会员分配仓单：买方会员应在取得标准仓单后3个工作日内，通过标准仓单管理系统将分配到其名下的标准仓单再分配给买方客户。如买方会员不能按时分配标准仓单，应向交易所报告原因。使用标准仓单自行结算的期转现业务，货款由买卖双方自行交付，标准仓单由买卖方双方按照本规程中的标准仓单所外转让流程办理，或者通过提货后自行交付（见图3-9）。

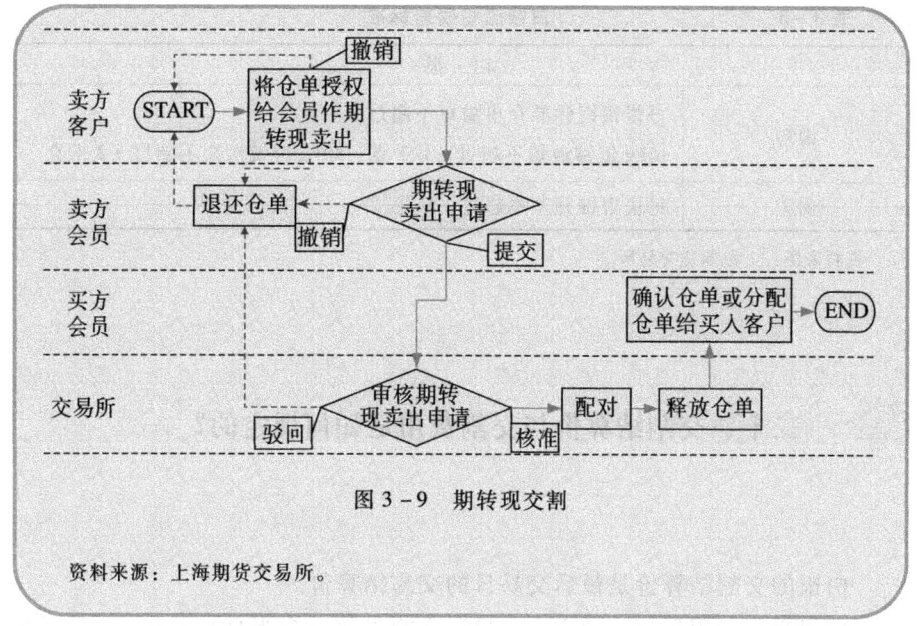

图 3-9 期转现交割

资料来源：上海期货交易所。

十九、什么是溢短和磅差？

溢短，溢就是货物重量多了，短就是货物重量少了，比如交割的是 30 千克的银锭，但是入库的标准银锭的重量是 30.0005 千克，则 0.0005 千克就是溢。磅差，就是指定交割库实际验收的银锭重量与质量证明书标识的重量之间的差额。磅差不超过有关主管部门规定（没有主管部门规定的由当事人约定）的范围的（见表 3-8），按质量证明书标识的重量为准；磅差超过规定范围的，不能制作标准仓单。

表 3-8　　　　　　　　　白银溢短磅差标准

	白　银
溢短	每张银锭标准仓单溢短不超过 ±2 千克 15kg 银锭溢短不超过 ±1 千克，30kg 银锭溢短不超过 ±2 千克
磅差	每块银锭磅差不超过 ±1 克

资料来源：上海期货交易所。

二十、交割结算价与交割费用是如何规定的？

白银的交割结算价是最后交易日的交易结算价。

白银交割费用划分：卖方——最后交割以前（含当日）买方——最后交割日以后。

白银交割费用标准见表 3-9。

表 3-9　　　　　　　　　白银交割费用标准

交割手续费	1 元/千克
仓储费	0.011 元/千克·天
入出库费用	0.09 元/千克

上海期货交易所自 2015 年 10 月 1 日起将对白银指定交割库收费标准进行调整。具体标准调整如下：

1. 出入库费用及仓储费。将白银仓储费调整为 0.016 元/千克·天，入库费调整为 0.2 元/千克，出库费调整为 0.2 元/千克。收费标准调整前后的对比见表 3-10。

表 3 – 10　　　　　　　收费标准调整前后的对比

	调整前收费标准	调整后收费标准
仓储费	0.011 元/千克·天	0.016 元/千克·天
入库费	0.09 元/千克	0.2 元/千克
出库费	0.09 元/千克	0.2 元/千克

2. 过户费。增加白银过户费，收费标准为 0.03 元/千克。过户费是指指定交割库在审核标准仓单的所外转让时收取的费用。该费用由指定交割库向受让方单边收取。

指定交割仓库正常收费项目和费用计收方法如下：

进库费、出库费、装卸费、打包（装袋）费、分拣（整理）费、过户费、代办费、加急费及需特殊处理的劳务作业费用、纸质标准仓单打印费以及经交易所核定的其他费用，由指定交割仓库根据实际发生的项目及劳务，按规定标准出具合法结算凭证，交货主核对后，由货主向指定交割仓库一次付清。

仓储费按日收取。最后交割日以前（含当日）的仓储费用由卖方承担，最后交割日以后的仓储费用由买方承担。收费后，由指定交割仓库在标准仓单上注明仓储费付止日期。货主应当在每月月底前到指定交割仓库办理付费手续，可以预付。

二十一、出现交割异议和交割违约应该怎么处理？

如果白银期货交割存在异议，应当在指定交割库内实物交收时当场提出，并委托交易所指定检验机构对交割白银进行现场取样和数（重）量检验。

以检验机构报告为准。应在检验报告出具日后的 5 个工作日内向交易所提出书面申请，并同时提供检验报告。逾期未提出，或未提供有关检验报告,交易所不再受理。根据检验结果,若合格,则相关费用由提货方承担。若不合格,则由责任方承担赔偿责任和相关费用。

通常的白银期货交割违约行为有以下三种:

1. 在规定交割期限内卖方未能如数交付标准仓单的。
2. 在规定交割期限内买方未能如数解付货款的。
3. 卖方交付的商品不符合规定标准的。

通常的违约处理方式是:如果双方违约,终止交割,各处5%罚款;如果是一方违约,则按表3-11所示处理。

表3-11 单方交割违约处理标准

违约方	违约金	守约方选择	相应处理	
卖方	违约部分合约价值的5%	终止	退款给买方	
		继续履约	7日内征购,<125%结算价	成功:交付仓单
				失败:15%赔偿金,并承担一切损失
买方	违约部分合约价值的5%	终止	退还仓单	
		继续履约	7日内竞卖,>75%结算价	成功:支付货款
				失败:15%赔偿金,并承担一切损失

资料来源:上海期货交易所。

自测题

一、填空题

1. 白银期货合约在上海期货交易所上市交易时间_____。
2. 白银标准期货合约交易单位_____。
3. 白银标准期货合约最小交割单位_____。

4. 上海期货交易所上线运行连续交易的时间是_____。

5. 实物交割期第_____交割日，交易所分配标准仓单。

6. 卖方发货的实际验收数量与合同约定的数量之间的差额被称为_____。

二、单选题

1. 实物交割期是指该合约最后交易日后的连续（　　）个工作日。
   A. 3　　　　　　　　　　B. 4
   C. 5　　　　　　　　　　D. 6

2. 白银期货合约最后交易日是合约交割月份的（　　）日（遇法定假日顺延）。
   A. 10　　　　　　　　　　B. 13
   C. 15　　　　　　　　　　D. 17

3. 2014年3月20日，Ag1406合约价格为4 200元/千克，一手是15千克，保证金比例为13%，则一手需最低的保证金是（　　）元。
   A. 9 200　　　　　　　　B. 54.6
   C. 8 190　　　　　　　　D. 63 000

4. 白银交割结算价是（　　）。
   A. 最后一个交易日的收盘价
   B. 最后一个交易日的结算价
   C. 最后交易日前一个交易日的结算价
   D. 最后连续5个交易日的加权结算价

5. 每张银锭标准仓单溢短不超过（　　）千克。
   A. ±1　　　　　　　　　　B. ±2
   C. ±3　　　　　　　　　　D. ±4

6. 每块银锭磅差不超过（　　）克。
   A. ±1　　　　　　　　　　B. ±2
   C. ±3　　　　　　　　　　D. ±4

7. 执行白银期货单向大边保证金制度，2014年3月19日以4 290元/克卖出一手沪银1412合约，以4 215元/克买入一手沪银1406合约，按照

13%的保证金比率计算,投资者最低交易保证金是(　　)元。

  A. 8 365.5   B. 8 219.25

  C. 16 584.75   D. 146.25

三、判断题

  1. 交易所在第二交割日根据已有资源,按照"时间优先、数量取整、就近配对、统筹安排"的原则,向买方分配标准仓单。　　　　　　(　　)

  2. 白银期货交割品级很严格,须符合国标 GB/T 4135 - 2002 IC - Ag99.99 规定,其中银含量不低于 99.95%。　　　　　　　　　　(　　)

  3. 每一仓单的交割银锭,应当是同一生产企业生产、同一牌号、同一注册商标、同一块形的商品组成。　　　　　　　　　　　　　　(　　)

  4. 标准仓单账户实行一户一码,即一个机构只能拥有一个标准仓单账户。　　　　　　　　　　　　　　　　　　　　　　　　　　(　　)

  5. 白银期货交割月前第一个月的第一个交易日最低交易保证金是7%。
　　　　　　　　　　　　　　　　　　　　　　　　　　　　　(　　)

  6. 所有市场参与者都可以参与白银期货交割。　　　　　　(　　)

参考答案

一、填空题

  1. 2012 年 5 月 10 日;2. 15 千克/手;3. 30 千克;4. 2013 年 7 月 5 日;5. 二;6. 磅差

二、单选题

1. C 2. C 3. C 4. B 5. B 6. A 7. A

三、判断题

1. 对 2. 错 3. 对 4. 对 5. 错 6. 错

第四章　影响白银价格的主要因素　97

第四章

影响白银价格的主要因素

本章要点

了解影响商品价格的主要因素是参与期货投资不可或缺的重要环节。本章主要对影响白银价格的众多因素做出通俗易懂的解读，采用数据图表等方式直观展示这些因素对白银价格的影响，有助于投资者在参与白银投资时避免一些误区和不必要的失误。

 一、与其他贵金属市场相比，白银市场有什么样的特征？

白银和黄金同为贵金属，兼具商品属性和金融属性，白银价格在很大程度上受到黄金价格波动的影响（见图 4-1），但白银又因其自身固有的特

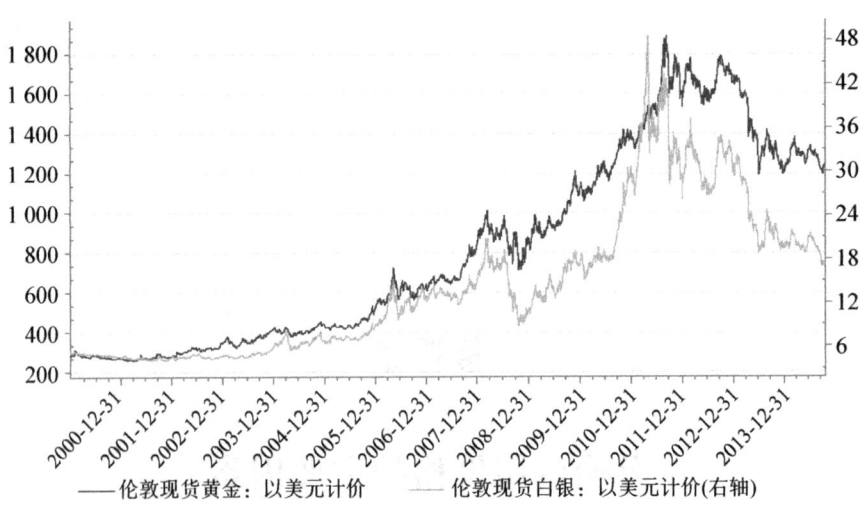

图 4-1　伦敦黄金白银现货价格走势图

资料来源：Wind 资讯。

性，使白银市场呈现出不同于黄金的运行特征。

（一）白银市场有更强的投机特征

黄金价格的涨跌主要是一种货币现象，相当大程度上受到美元汇率走向的影响。由于包括各国央行在内的众多市场参与者形成制衡，市场难以被某一方单独操控。而白银市场的容量相对较小，市场制衡力量也不均衡，加之其价格较低，投资门槛更低、增长潜力更大，因此白银的表现更像一只"小盘股"，走势上震荡比较大，炒作性和趋势延续性更强。历史上有许多次白银价格的调整是以比黄金更为剧烈的方式完成的。比如 1980 年美国亨特兄弟操纵白银期货价格失败后，白银价格崩溃，从每盎司 48.7 美元跳水，一直跌至 4 美元左右。

（二）白银有更强的工业属性

近几十年来，白银的货币金融属性逐步淡出，而作为一种重要工业原材料的工业商品属性更为突出，全球大部分的白银开采量是被工业发展消耗掉的。白银具有广泛的工业用途，如电子电气、感光材料、医药化工、消毒抗菌等，近年在新兴产业如光伏领域的使用也有所加大。国际白银协会的数据显示，每年大约有 55% 的白银消费在工业领域，这一比例远高于黄金工业需求的 10% 左右。由于在投资市场火热的时候，人们往往只看到白银的金融属性，而忽视了白银仍是一种"很有用的贵金属"，有很强的工业属性，并且这种工业属性不仅从来没有消失，反而可能在某些重要时刻突然强化，反制其金融属性。

 二、主导白银价格的是金融属性还是工业属性？

　　白银既有金融属性，又有商品属性，并且白银的价格涨跌幅度更大，与黄金相比，白银的工业属性偏强，其价格与实体经济的关系更加紧密。一般而言，白银价格长期受供需关系和全球经济状况等宏观因素影响，短期则容易受到黄金、美元、原油、股市和突发事件等诸多因素影响。根据国际白银协会的数据显示，白银的需求构成与黄金明显不同，黄金的金融属性强，而白银的工业属性强。另外，从供给方面来看，白银作为铜、铅、锌的伴生矿（银作为副产品），其产量受其他金属的影响明显，矿产银约占总供给的 70%，而再生银占 20% 多。虽然近几年间银价上涨，但矿产银的增长却十分有限。当白银需求增长较快而银产量未能大幅提升时，就会催生牛市行情，如 2010 年全球经济较好情况下白银总需求同比大幅上涨 14.58%，但 2010 年白银矿产量同比仅增长 2.5%，供需不平衡推动银价出现 8 个月的单边上涨行情。因此，供需因素决定白银价格的基本走势，尤其是白银工业应用的影响，而白银的金融属性使其价格会对其他因素如全球经济发展水平、金融危机、国际政局动荡、战争等因素保持较高的敏感性，激发投机力量而对银价产生显著影响，整体而言，白银工业属性偏强。

三、影响白银价格的主要因素有哪些?

白银同黄金一样,是不分国界的,各个国家的价格基本上都是与国际价格接轨的,我国国内白银价格主要由海外市场决定。国际上白银定价主要参考纽约商业交易所(COMEX)白银期货和伦敦现货白银交易市场定价。从根本上看,供需关系是决定白银价格的基本因素,如矿山勘探、开采投资周期及冶炼技术水平,白银的工业需求等,而全球经济状况、政治局势、地缘因素、黄金价格、美元指数、通胀预期、利率和汇率水平、大宗商品价格、股市和突发事件等诸多因素都能影响影响到白银价格变化,尤其是美国经济指标在短线交易方面对白银价格影响显著(见图4-2)。

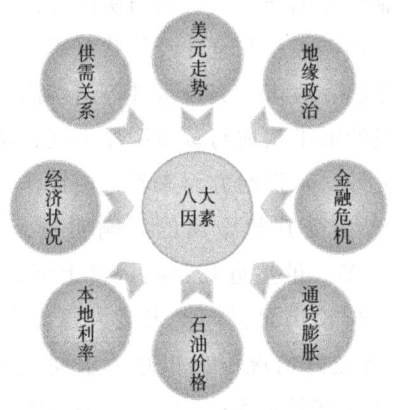

图4-2 影响白银价格的主要因素
图片处理:招金期货贵金属研究院。

我们对影响白银的各种因素进行分析,从长中短周期来看,其对白银价格影响并不相同。在对白银价格走势作长期分析的时候,需要从白银工业应用、饰品需求以及白银的供给等方面考虑。因为商品的供求关系最终决定商品的价格,而商品的价格将长期围绕价值波动,整体而言白银的商品属性表现明显,受供求影响较大。

对白银价格走势作中期分析的时候，往往主要考虑白银的投资价值，这需要从利率水平和资本流动情况等因素去把握，因为资本流动是资金追逐收益的具体行动，而利率水平将影响预期收益。

在进行短线分析时候，最先考虑的往往是黄金的影响，因为白银的货币属性很大程度上都是依赖于黄金。这方面的分析需要从影响金银价格的地缘政治因素、经济发展指标等方面去考虑。

延伸阅读

白银价格的历史走势

我们可以从白银的历史走势中，寻找影响白银价格的重要因素。

自20世纪60年代起，白银进入了现代炒作期。

1960年以后，白银市场的形势明显有所改观，因为金本位显然难以维持，货币自由浮动只是时间问题。通货膨胀的阴影日益明显，由于各国政府禁止个人持有黄金，希望购买贵金属保值的投资者只能选择白银，这在一定程度上维持了白银价格。到了1970年，黄金与白银的比价降低到了23倍，这是20世纪以来的最低点。在商品市场大牛市的背景下，许多交易商和银行家把大笔资本投入了商品期货和现货投机，期货价格反过来影响了现货。在黄金和白银产量大大提高，国际市场流动性很强的20世纪70年代，美国的期货交易商近乎垄断了世界白银市场，并促使银价飞涨（见图4-3）。

20世纪90年代初期，白银价格大致在2美元每盎司左右徘徊——这个数字看起来很低，但已经从最低点上升了80%左右，这主要是因为美国财政部放宽了对白银的管制。与此同时，黄金的价格也很低，与白银的比价只有23倍左右，这说明整个贵金属价格都在低点。1973年12月，期货投机商以每盎司2~3美元的价格大量收购白银，这使他们成为全世界最大的白银持有人之一。市场上的白银很快出现了严重短缺——在过去几十年中，许多银矿已经因为无利可图而关闭了，人们对开采新银矿

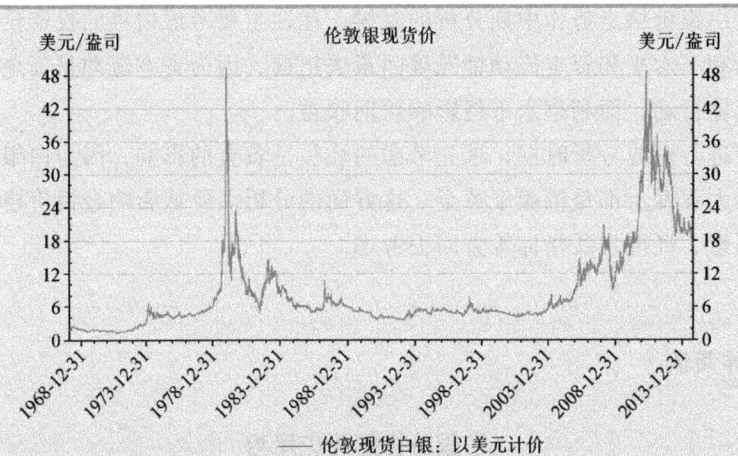

图 4-3 白银价格历史走势图

资料来源：Wind 资讯，招金期货贵金属研究院。

的热情也不高。白银的"供给弹性"较小，在价格陡然上升的时候，白银生产商无法立即扩大产量，结果导致价格进一步攀升。在仅仅两个月之内，白银价格提高到每盎司 6.7 美元，涨幅接近 130%。

1979 年夏天，市场上不断出现巨额买盘，银价很快从每盎司 6 美元上升到 11 美元。随着投机跟庄者的不断涌入，白银的价格日趋疯狂——从 11 美元上涨到 20 美元，然后 30 美元，到了 1979 年底突破 40 美元。黄金和白银的比价下跌到 12 倍左右，创下历史新低。期货市场已经完全失去了对白银的控制。全世界的白银生产厂商为此兴奋不已，他们迅速开启了寻找新银矿的计划，许多早已关闭的银矿又重新开采。美国和欧洲的普通居民也对银价上涨感到惊喜不已，他们翻箱倒柜找出了祖传的银质茶器和装饰品，凡是有白银作为原材料的器物，都毫不犹豫地送去熔炼，制作成标准银块到市场上卖出。

1980 年 1 月 21 日，白银涨到了它的历史最高价：每盎司 50.35 美元。在短短 12 个月里，银价上涨了 8 倍；从 10 年前算起，银价上涨了 25 倍。人类历史上从来没有一种商品拥有如此漫长、如此骇人听闻的大牛市！而这种大牛市的出现，最主要的原因在于美国亨特兄弟的操纵。在白银价格达到 50 美元之后不久，纽约商品交易所颁布了一条临时规定：从即日起，禁止建立新的白银期货合约，只允许旧合约的平仓。这意味着垄断者再也无法从期货市场上买进任何白银，而且白银期货合约的总数只会不断减少，谁都无法通过大量买入或卖出来操纵价格。1980 年 3 月 25 日，白银价格出现大幅度下跌，白银价格崩溃了。

1980 年 3 月 27 日在期货界被称为"白银星期四"，仅仅几天前还在高位运行的白银期货，在 3 月 27 日居然跌到了 10 美元的低点——美联储和美国主要商业银行竭尽全力使白银价格在跌到一盎司 10.82 美元之后暂时止跌回稳，轰轰烈烈的白银危机到此就宣告结束。1981 年以后，随着白银产量的扩大，白银期货和现货价格不断下跌，直至 21 世纪初才有重新抬头。

进入 21 世纪后，白银的消费大体上是递增的。总的看来，全球矿产白银的总产量在逐渐增加，而且目前世界各个行业对白银的需求还在稳步增长，这为银价的继续上涨提供了基本面的支撑。随着经济的发展，白银制造业的需求缓慢增加，白银用于电工、电子、焊接合金和焊料、首饰和银制品、银币和纪念章的需求量不断增加。由于需求的不断增加，白银出现了震荡上扬格局。直至 2007 年，世界主要经济体经济均保持着良好的态势，白银价格也因工业需求量增加而不断上涨。但是，2008 年的金融危机打破了这一格局，全球经济陷入泥沼，工业需求大减，白银价格也随之大幅下跌。在 2009 年以后，随着美国量化宽松政策的推行，白银价格再次进入牛市，一度逼近历史最高点。随后，美国不断释放紧缩信号，白银价格也就此展开跌势。

从以上对白银价格历史走势的回顾中我们可以发现，白银价格的主要影响因素有：白银的实物供给与需求；投机性资金；世界经济情况；主要国家货币政策及其他相关政策等。结合对中短期内白银价格波动的分析，其他影响因素还包括：其他贵金属和相关普通金属的价格；美元指数；美国经济数据；主力资金持仓；地缘政治因素；通胀情况；利率；汇率；股市；原油价格等因素。

四、国际宏观经济形势对白银价格的影响如何？

白银价格受国际宏观经济因素的影响更多来自市场对经济预期以及经济增长的稳定性对银价的影响。就全球而言，白银价格受到全球经济形势的影响；就地区而言，白银价格则受到地区经济的影响，以该地区官方货币标注的金银价格反映了该地区经济的稳定性。

世界经济体系中的各因素都会不同程度地对白银价格产生影响。通常，当国际经济形势稳定并且发展良好的时候，很多经济领域都有很好的投资机会，这时候因为收益偏好会刺激短期资本流向收益较高的实体经济或者虚拟经济领域的证券市场投资，进入白银市场的资金量就会下降，从而白银价格出现下降或涨幅弱于其他大宗商品的特征。反之，当国际经济形势面临通胀或衰退风险时，人们的风险厌恶情绪升温，白银避险作用显现，进入白银市场的资金量将会大增，进而推动银价上涨或涨幅高于其他大宗商品。经济周期的不同时段人们对白银的需求特征会有不同，对白银价格的影响也不同。

一般来说，经济周期内可分为四个阶段：繁荣期、衰退期、萧条期、复苏期。

在繁荣初期和中段，国际经济形势稳定并且发展良好，其他领域充满投资机会，这时候人们会选择收益更好的经济领域进行投资，使得白银市场的资本存量和流量在短期内会减少，白银价格的表现会弱于其他大宗商品。

当经济发展过热之后，经济会从过热走向衰退，这时候投资者会开始担心通货膨胀，而因为白银具有对冲通货膨胀风险的功能，则白银市场的资本存量和流量在短期内会增加，白银价格的表现会弱于其他大宗商品。

在经济进入衰退期的时候，很多人会受到经济衰退影响，当现金流出现问题时，人们便会套现手中持有的白银以解决一时的资金困难，从而增加了市场上白银的供给。与此同时，对未来经济前景不确定的理性预期，使人们不会继续在股票等风险较大的证券上投入资金而转投投资风险小的产品。另外，政府为了刺激经济会调低利率，这时将资金存入银行或者购买债券的低风险投资策略只是为保值而已，如果遇到通货膨胀，实际价值还会下降。相比之下，白银具有内在稳定性，它不像纸币本身不具备价值、受发行纸币政府的信用和偿付能力的影响，是比较好的保值手段，这使有剩余资金的人更愿意持有白银，从而增加了白银的需求。此时白银价格因其金融属性而比其他大宗商品表现稳定。

萧条期是经济最艰难的一个时期，越来越多的人失业，人们对物品及服务的需求下降，本地居民生产总值的增长很低，甚至出现负增长，这时同其他大宗商品一样，白银作为商品其价格会出现下降的走势。但受金融属性的影响，白银价格的下跌在一定阶段又会小于其他大宗商品。

因此，当国际经济形势稳定和发展良好时，实体经济和虚拟经济领域充满投资机会，资本流向收益较高的证券市场投资，白银市场的短期资本流量下降。反之，如果国际经济形势不稳定或者出现危机预期，那么流入白银市场的短期资本流量就会增加。

延伸阅读

欧债危机中白银的表现

欧债危机，全称欧洲主权债务危机，是指自2009年以来在欧洲部分国家爆发的主权债务危机。欧债危机是美国次贷危机的延续和深化，其本质原因是政府的债务负担超过了自身的承受范围。

欧债危机的渐进演变对国际贵金属市场的影响微妙，欧债危机同白银走势的关系可以从以下几个阶段分别去观察：

首先，当欧债危机爆发初始或每当出现新的负面新闻时，市场的第一反应往往出于恐慌在卖出欧元的同时同样抛售白银等贵金属，这时主导市场情绪更多的是将手中的资产变现或是持有美元。希腊债务问题刚刚浮出水面时，由于市场对欧元区出现债务危机毫无心理准备，出于躲避欧元及时兑现的心态，导致欧元白银等资产同时遭遇抛售，因而在危机爆发的前两个月欧元白银呈现同步下跌的局面。这时的白银欧元表现为正相关。

之后,当欧债问题进一步恶化,市场避险情绪高涨时投资者便更加坚定地抛出欧元转而投向具备避险保值功能的白银或美元资产,此时白银美元因为同样拥有的避险属性表现出正向联动性,同时上扬且呈正相关而与欧元则呈负相关走势。

最终,欧债危机经过半年左右的时间发酵,当市场确立希腊将得到巨额的救助资金从而充分消化了危机造成的风险情绪后,欧元跌势止步,恰逢此时美国的经济复苏形势出现挫折,失业率始终居高不下,风险情绪逐步由欧洲市场向美国方面转移。美元于当年下半年重回跌势,白银欧元开始同步走高。欧元的大幅上扬反映出市场在欧债问题进入调整期后对欧元的信心,客观上又因为美元的弱势对欧元上行起到了助推作用,此时的欧元美元没有最差只有更差,市场的天平向欧元一方倾斜,而当两大经济体均呈现出较大的不确定因素后,白银进一步确立了自身在投资市场中的保值功能,在市场中获得投资者一致的肯定和青睐。白银与欧元这时呈现一种非比例的正相关走势,与美元均呈反向关系。

综上所述,白银与欧元走势整体呈非比例正相关性。根据21世纪第一个10年相关数据的不完全统计,白银、欧元的这种正相关性达到80%左右。二者只有在欧债危机深度恶化欧元急剧下跌时,才呈现一种负相关性。

五、全球主要经济体货币政策对白银价格的影响如何?

在各主要经济体中,美国经济形势对白银的价格有着最为重要的影响,这主要是由美元的国际货币地位决定的。布雷顿森林会议后,美元的世界货币地位正式确立,该体系给美国带来了巨大的利益。随着布雷顿森林体系的瓦解,支撑美元作为国际货币地位的不再是黄金储备,但美元在国际结算和储备货币中仍然占有重要的比重。美元的特殊地位给美国经济带来的实惠和特权是任何国家无法比拟的。美元的国际货币地位不仅为美国带来了大量的廉价资本，还使美国能够通过美元的发行获得经济和社会运行所需要的各种重要经济资源。因此，可以说美元的国际货币地位为美国提供了廉价配置重要经济资源的手段。

与黄金一样，世界白银市场一般都是以美元标价的，美国经济保持平稳增长使得美元保持坚挺，势必会导致银价下挫；相反，美国经济下滑导致美元贬值的同时会导致银价上涨。在美国出现经济危机的时候，很可能使物价快速上涨，美国控制的货币供应量出现波动，这时白银的货币属性成为影响白银价格的主导因素。此时，资本市场吸纳游资能力下降，资本流向银市，使得银价上涨。

从整体上看，美国实行宽松的货币政策有利于白银价格上涨，若实行紧缩的货币政策则会令白银价格下跌。全球其他经济体，主要是欧元区、日本和英国的货币政策对白银价格的影响是间接体现的，主要是通过美元指数来传导。以欧洲央行为例，若欧洲央行实行宽松的货币政策，短期内欧元会下跌，而美元指数上涨，由于美元是白银的标价货币，因此白银价格将面临下跌压力。

六、美联储货币政策如何影响白银价格？

货币政策对白银的影响可以分为两个方面来讲，因为货币政策有两个方向：一是宽松的货币政策；二是紧缩的货币政策。首先，宽松的货币政策，例如美联储放松银根，向市场注入大量的资金，这个资金量大到一定的程度时市场上就会出现一定程度的流动性过剩，其结果是西方经济学中提到的"过多的货币去追求过少的产品"，引发物价上涨。相同的货币量与没有实行宽松的货币政策之前，能够购买的商品更少了，也即实际购买力下降，银行里有大量存款的居民为了防止自己的货币贬值，就会把货币兑换成贵金属（包括白银）保值，对白银的需求增加，由于白银的储量有限（也即供给比较稳定），白银的价格自然会出现上涨。紧缩的货币政策造成的影响与上述原理相反。美联储货币政策常用的工具见表2-1。

表2-1　　　　　　　　美联储货币政策常用工具

美联储三大常规货币工具	
调整联邦基金利率	联邦基金利率是一个银行互相支付过夜借款利息的利率。其交替影响最低贷款利率，后者通常高于联邦基金利率大约3个百分点。最低贷款利率是银行向其最好客户提供贷款的利率
公开市场操作	美联储最有效、最常用的工具是在公开市场买卖政府证券。政府证券包括国债、票据和债券。想要提高现金流量和银行存款时，美联储就买入证券，想要降低现金流量时就卖出证券
调整贴现率	当需要控制通货膨胀时，美联储提高贴现率，商业银行就会减少向中央银行的借款，商业银行的准备金就会减少，商业银行的利息将得到提高，从而导致货币供给量减少。当经济萧条时，银行就会增加向中央银行的借款，从而准备金增加，利息率下降，扩大了货币供给量，由此起到稳定经济的作用

数据处理：招金期货贵金属研究院。

延伸阅读

美联储QE政策及对白银价格的影响

　　量化宽松政策（QE，Quantitative Easing），量化指的是扩大一定数量的货币发行，宽松就是减少银行储备必须注资的压力。当银行和金融机构的有价证券被央行收购时，新发行的钱币便被成功地投入到银行体系。在经济发展正常的情况下，央行通过公开市场业务操作，一般通过购买市场的短期债券对利率进行微调，从而将利率调节至既定目标利率；而量化宽松则不然，其调控目标即锁定为长期的低利率，各国央行持续向银行系统注入流动性，向市场投放大量货币。

　　美联储实施的量化宽松政策可以大致分为以下几个阶段：

　　1. QE1。2008年11月25日，美联储首次公布将购买机构债和MBS，标志着首轮量化宽松政策（QE1）的开始。美联储宣布，将购买政府支持企业（简称GSE）房利美、房地美、联邦住房贷款银行与房地产有关的直接债务，还将购买由两房、联邦政府国民抵押贷款协会所担保的抵押贷款支持证券（MBS）。

2. QE2。美联储2010年11月4日宣布，启动第二轮量化宽松计划，计划在2011年第2季度以前进一步收购6 000亿美元的较长期美国国债。QE2宽松计划于2011年6月结束，购买的仅仅是美国国债。QE2的内涵是美国国债，实际上是通过增加基础货币投放，解决美国政府的财政危机。同时，美联储再通过向其他国家"出售"国债，套现还原成美元现金，增加了储备的规模（准备金大幅度增加），为解决未来的财政危机准备了弹药。

3. QE3。2012年9月14日，美联储在结束为期两天的会议后宣布，0~0.25%超低利率的维持期限将延长到2015年中，将从15日开始推出进一步量化宽松政策（QE3），每月采购400亿美元的抵押贷款支持证券（MBS），现有扭曲操作（OT）等维持不变。内容是在2012年6月底以前买入4 000亿美元的美国国债，其剩余到期时间在6年到30年之间；同时出售等量的美国国债，其剩余到期时间为3年或以下，随后这项计划在今年6月份被延长到年底。美联储公开市场委员会（FOMC）于2012年9月13日指令纽约联储银行公开市场操作台以每月400亿美元的额度购买更多机构抵押支持证券（MBS）。FOMC还指令公开市场操作台在年底前继续实施6月份宣布的计划，即延长所持有证券的到期期限，并把到期证券回笼资金继续用于购买机构MBS。FOMC强调，这些操作将在年底前使委员会所持有长期证券持仓量每月增加850亿美元，将给长期利率带来向下压力，对抵押贷款市场构成支撑，并有助于总体金融市场环境更加宽松。

4. QE4。2012年12月13日，美联储宣布推出第四轮量化宽松QE4，每月采购450亿美元国债，替代扭曲操作，加上QE3每月400亿美元的宽松额度，联储每月资产采购额达到850亿美元。除了量化宽松的猛药之外，美联储保持了零利率的政策，把利率保持在0到0.25%的极低水平。

5. 缩减QE。美联储2013年宣布将缩减购债规模，但同时试图安抚市场,暗示其指标利率保持在低位的时间甚至可能长于其先前的承诺。美联储表示,自2014年1月起,将把每月850亿美元的购债规模缩减100亿美元至750亿美元。此举可能标志着史无前例的刺激政策走向结束。美联储此举令许多投资人意外,这是对经济和就业市场前景改善的认可,是历来最大规模的货币政策行动的历史性转折点。美联储主席伯南克表示,如果美国就业继续如预期般增长,2014年多数时间的购债规模可能以"审慎的步伐"缩减。他说可能在"2014年末段,而不会在年中"结束。

QE对白银价格的影响

QE刚刚推出的时候,白银大涨,是因为美国无限宽松印钞票,市场预期有可能导致信用货币贬值,引发恶性通货膨胀,白银价格相应就上涨了,而QE在推行过程中,使美国财政成功避免财政悬崖,美国经济以及失业率都有很大程度的改善,各项经济指标显示美国经济正在复苏,一旦美国经济复苏,美国失业率降低到目标,美国就会结束QE政策,意味着美元不会再贬值了,美国经济又带动股市,美元的上涨,白银自然就会失去避险作用,价格就开始回落(见图4-4)。

图4-4 2008年美联储实施QE政策以来以及缩减QE的白银价格走势

资料来源:Wind资讯,招金期货贵金属研究院。

七、美元走势与白银价格的长期关系如何？

白银是以美元为买卖计价单位，二者存在着负相关关系，即美元强白银价格就弱，美元弱白银价格就强。通常投资者在储蓄保本时，或取白银舍美元，或取美元舍白银。白银虽然本身不是法定货币，但其具有一定的金融属性，可以保值。美元趋势与白银价格走势见图4-5。

图4-5 美元走势与白银价格走势图

资料来源：Wind资讯，招金期货贵金属研究院。

八、通货膨胀与白银价格有什么样的关系?

一个国家货币的购买能力,是基于物价指数而决定的。当一国的物价稳定时,其货币的购买能力就越稳定。相反,通货膨胀率越高,货币的购买力就越弱,这种货币就愈缺乏吸引力。如果美国和世界主要地区的物价指数保持平稳,持有现金也不会贬值,又有利息收入,必然成为投资者的首选。

相反,如果通货膨胀(简称通胀)剧烈,持有现金根本没有保障,收取利息也赶不上物价的暴升。人们就会持有黄金白银,因为此时黄金白银的理论价格会随通胀而上升。西方主要国家的通胀越高,以黄金白银作保值的要求也就越大,价格亦会越高。当然,由于美元在国际货币体系中的霸主地位,美国的通胀率最容易左右黄金白银的变动。而一些较小国家,如智利、乌拉圭等,每年的通胀最高能达到400倍,却对黄金白银价格毫无影响。

尽管金本位制度取消后,黄金白银的金融属性日益弱化,其工业属性占据主导地位,但通过对比历史上美国通胀水平与银价走势的关系后发现,在高通胀环境下,白银价格更容易上涨。

另外,我们再从实际利率情况看利率水平对白银价格的影响。对白银价格有重要影响的是扣除通胀后的实际利率水平,扣除通货膨胀后的实际利率是持有白银的机会成本,实际利率为负的时期,人们更愿意持有白银。实际利率=名义利率-通货膨胀率。

由于全球经济复苏乏力的影响,美国通胀尚未出现抬头的迹象(仍然保持在3%以内),为了刺激经济增长,美联储在最近几期的联储政策声明中屡次表示美联储将继续维持极低利率(接近于0)。在美联储实际利率为负值,且将持续相当长时间的情况下,尽管经济低迷和中期的低通胀预期会压制白银价格上涨空间,但白银价格仍有可能在达到新的均衡点后获得来自负利率因素的潜在支撑。

九、为什么美国非农就业数据发布时银价往往会剧烈波动?

美国非农就业数据是美国失业率数据中的一项,反映农业就业人口以外的新增就业人数,与失业率同时发布,由美国劳工部统计局在每个月第一个星期五美国东部时间 8：30,也就是北京时间星期五 20：30（夏令时）或 21：30（冬令时）发布前一个月的数据。因为美国经济政策的目标是充分就业和经济增长,而美国非农业人口占人口数量的 85% 以上,所以该数据对金融市场,包括白银产生重要影响。特别是在金融危机爆发之后,由于市场预期美联储将根据非农就业人数来扩大或缩减宽松货币政策,数据公布往往会对外汇和贵金属市场产生突发性的冲击作用。

非农就业数据之所以对白银市场影响较大,主要有以下原因：

第一,数据时效性强。这组数据在调查统计后一个星期内即由劳工部公布,所以能让市场及时得知美国最新的就业情况。该数据也是每月第一个公布的重要经济数据。

第二,非农就业数据可以极大地影响美元走势。一方面,由于数据本身的优劣预示着美国经济前景的好坏,一份"生机勃勃"的就业形势报告能够驱动利率上升,使得美元对外国的投资者更有吸引力。他们现在可以通过持有美国的财政债券赚取更多利息收入。另一方面,一份"病怏怏"的就业形势报告会弱化对美国货币的需求,因为它对美国股市带来了麻烦,对利率产生了向下的压力。这两者都会减少美元对外国人的吸引力。所以作为美国第一大数据——非农就业数据,美元走势是"龙"是"虫",还看非农就业数据。

第三,非农就业数据详细阐述了美国的最新就业情况,对预测美国经济状况非常有用。所以,当市场得到这些资料后,就可以对美国国内生产总值有大概的预测。

第四,非农就业数据间接反映了美国一般家庭的收入情况。显然,当国民就业情况改善,总体收入就好,就能带动各个消费环节。而美国经济是比较典型的消费推动经济，所以有了就业数据，就可以预测到美国整体的消费情况了。

非农就业数据能反映制造行业和服务行业的发展和增长。非农就业数据高，证明美国就业市场健康发展，就业率的提升说明美国经济繁荣景气，这样会导致美元上涨，白银的价格会随着美元上涨而下跌。如果美国经济萧条，则会打压美元，白银的价格会随着美元受到打压而上涨。从而我们可以根据实际非农就业数据和预期的数据来判断对白银是利空还是利好，也让我们可以断定白银的价格走势。通常情况，在其他条件保持不变时，如果非农数据的真实值大于预测值，偏差值大于零，那么白银价格将会下跌。

非农就业数据公布之前的几个小时，金银价格就会提前异动，表现出明显的涨或跌，但这并不代表非农就业数据公布瞬间和之后的趋势。非农数据公布瞬间，外汇市场和贵金属市场往往会出现跳空（急涨或急跌）的现象，这种跳空的情况大致出现在数据见诸媒体前后的数秒钟至数分钟，数据公布后的剧烈震荡会持续10~30分钟，这是激进型投资者的活跃期（见表4-2）。随后，消息进一步扩散并被解读，有经验的或保守的投资者入市。

表4-2　　美国非农就业数据发布时白银价格回顾

2013年7月~2014年6月					
日期	前值	预期	实际	数据对比分析	白银（以美元计价，15分钟图）
2014-6-6	28.8	21.8	21.7	差于预期及前值	跌幅为0.1美元
2014-5-2	19.2	21.8	28.8	优于预期及前值	数据公布后即刻下挫0.3美元
2014-4-4	17.5	20	19.2	差于预期但优于前值	拉升0.3美元
2014-3-7	11.3	15	17.5	优于预期及前值	大幅下跌0.6美元
2014-2-7	7.4	18	11.3	差于预期但优于前值	白银刷新日内高点20.08
2014-1-10	20.3	19.5	7.4	差于预期及前值	跟随白银上涨50美分，随后小幅回落15美分
2013-12-6	20.4	18.3	20.3	优于预期但差于前值	短时间内下降0.4美元
2013-11-8	14.8	12.5	20.4	优于预期及前值	跟随黄金一并大跌，跌逾0.35美元
2013-10-22	16.9	18	14.8	差于预期及前值	上涨0.5美元，触及22.75高点
2013-9-6	16.2	18	16.9	差于预期但优于前值	强势上涨超过3%
2013-8-2	19.5	18.5	16.2	差于预期及前值	直线拉升约0.5美元
2013-7-5	17.5	16.5	19.5	优于预期及前值	先跌0.54美元，随后反弹0.18美元

资料整理：招金期货贵金属研究院。

> **延伸阅读**

美国方面其他影响白银短期走势的重要经济数据

1. 美国国内生产总值（GDP）。GDP是宏观经济中最受关注的经济统计数据，因为它被认为是衡量国民经济发展情况最重要的一个指标。通常GDP越高，意味着经济发展越好，利率趋升，汇率趋强，银价趋弱。投资者应该考察该季度GDP与前一季度及去年同期数据相比的结果，增速提高或者高于预期，均可视为利好美元，利空白银。

2. 美国每周申请失业金人数。每周申请失业金人数分为两类：首次申请和持续申请。除了每周数字外，还会公布四周的移动平均数，以减少数字的波动性。申请失业金人数变化是市场上最关心的经济指标之一。美国是个完全消费型的社会，消费意欲是经济的最大动力所在，如果每周因失业而申请失业救济金人数增加，会严重抑制消费信心，相对美元是利空，利多白银。如果该项数据越低，说明劳动力市场改善，对经济的前景乐观，利于美元，利空白银。

3. 美国采购经理人指数（PMI）。采购经理人指数是衡量制造业在生产、新订单、商品价格、存货、雇员、订单交货、新出口订单和进口等方面的状况。它是以百分比来表示的，常以50%作为经济强弱的分界点：当指数高于50%时，被解释为经济扩张的信号，这样会利多美元，利空白银；当指数低于50%，尤其是非常接近40%时，则有经济萧条的忧虑，一般预期联邦储备局可能会调低利率以刺激景气，这样会利空美元，利多白银。

4. 美国耐用品订单。耐用品订单代表未来一个月内对不易耗损的物品订购数量，该数据反映了制造业活动情况，就定义而言，订单泛指有意购买而预期马上交运或者未来交运的商品交易。若该数据增长，表示制造业情况有所改善，利好美元，利空白银；反之，若降低，则表示制造业出现萎缩，对美元利空，利多白银。

5. ADP就业数据。美国ADP就业数据被市场称为"小非农",是对美国非农就业人口的提前预测,对黄金白银、外汇等影响巨大。一般在美国非农数据公布的前两天(即周三)晚上公布。ADP全美就业报告由ADP赞助,Macroeconomic Advisers公司负责制定和维护。本报告采集自约50万家匿名美国企业,是美国就业情况的反映。非农就业是个官方数据,ADP就业人数是非官方调查的数据,但是ADP也是一个庞大的机构,全球每个城市都有调查人员。ADP反映的是私营部门的就业问题,如果这个数据好,基本上就可以确定,非农会走好。市场之所以关注美国的ADP数据有以下几个原因。首先,经过多年实践,投资者发现ADP数据对于美国就业市场是一个相当可靠的预测指标。其次,美联储已经表示,货币政策参考劳动市场指标。通常,ADP就业人数高,则说明经济发展良好,则对美元指数是利好消息,对白银价格会产生压力;反之,则为利多白银。不过ADP就业人数与美国经济发展之间短期有时候没有必然的联系,因为就业人数不仅仅跟宏观经济情况有关,其他领域比如高科技行业的高速发展,可能会减少劳动力的需求,但是却能够极大地刺激经济增长。

6. 美国生产者物价指数(PPI)。生产者物价指数主要用于衡量各种商品在不同生产阶段的价格变化情况,与消费者物价指数一样,通常被作为观察通货膨胀水平的重要指标。一般而言,当生产者物价指数增幅很大而且持续加速上升时,该国央行相应的反应是采取加息对策阻止通货膨胀快速上涨,所以美国生产指数上扬对美元来说大多偏向利多,利空白银;反之,利空美元,利多白银。

7. 美国零售销售指数。其实是零售销售数额的统计汇总,包括所有主要从事零售业务的商店以现金或信用形式销售的商品价值总额。服务业所发生的费用不包括在零售销售中。若零售额提升,代表个人消费支出的增加,经济情况好转,预期利率升高,对美元有利,利空白银;反之,如果零售额下降,则代表景气趋缓或不佳,利率可能调降,对美元偏向利空,利多白银。

8. 美国消费者物价指数（CPI）。它是反映与居民生活有关的产品及劳动价格的物价变动指标，通常作为观察通货膨胀水平的重要指标。消费者物价指数上升，有通货膨胀的压力，此时中央银行可能由调高利率来加以控制，对美元来说是利多，利空白银；反之，消费者物价指数下降，利空美元，利多白银。不过，由于与生活相关的产品多为最终产品，其价格只涨不跌，因此，消费者物价指数也未能完全反映价格变动的实情。

9. 美国的新屋开工及营建许可建筑类指标。因为住宅建设的变化将直接指向经济衰退或复苏。通常来说，新屋开工与营建许可的增加，从理论上来说对于美元是利好因素，将推动美元走强，利空白银；而新屋开工与营建许可的下降或低于预期，将对美元形成压力，利多白银。

10. 美国新屋销售。它是指签订出售合约的房屋数量，由于购房者通常都是通过抵押贷款、按揭贷款形式认购房屋，因此对当前的抵押贷款利率比较敏感。房地产市场状况体现出居民居民的消费支出水平，消费支出若强劲，则表明该国经济运行良好。一般来说，新屋销售增加，理论上是对美元是利好因素，将推动美元走强，利空白银；反之，如果销售数量下降或低于预期，将对美元形成压力，利多白银。

11. 美国的工业生产指数。工业生产指数是相对指标，衡量制造业、矿业与公共事业的实质产出，衡量的基础是数量，而非金额。该指数反映的是某一时期工业经济的景气状况和发展趋势。指数上扬，代表经济好转，利率可能会调高，对美元应该是偏向利多，对白银则是利空；反之，对美元则是偏向利空，对白银则是利多。

12. 美国消费者信心指数。消费者支出数占美国经济的2/3，对于美国经济有着重要的影响。因此，分析师追踪消费者信心指数，以寻求预示将来的消费者支出情况的线索。每月公布两次消费者信心指数，一次是在月初，另一次是在月末。消费者信心指数稳步上扬，表明消费者对未来收入预期看好，消费支出有扩大的迹象，从而有利于经济走好，利多美元，利空白银；反之，则是利空美元，利多白银。

十、国际地缘政治局势如何影响白银价格？

地缘政治主要包括地区战争、恐怖袭击、暗杀、爆炸等事件。地缘政治事件对白银价格的影响较大。一般来说,世界上重大的政治局势变更、战争动荡、重大突发事件和核心国家安全战略调整都将影响黄金白银价格,特别是发生在中东地区的战争,因中东地区原油价格上涨对黄金影响较大。如历史上的中东战争、伊拉克战争等事件,都推动金银价格在特定时期出现大幅上升。因为白银价格和黄金价格存在联动作用,所以黄金价格的变动都将导致白银价格同向的变动。

地缘政治不稳定会降低信用货币吸引力,影响白银价格。当今世界的信用货币被各国当成是经济调控的一个工具,在经济和政治发生动荡的时候,信用货币的信用度将受到不同程度的影响,使信用货币吸引力下降,市场资金会大量流向商品市场,而白银具有天然的货币属性和保值功能,是防范国际经济政治风险的投资工具,这将会使白银的价格上扬。另一方面,当国际地缘政治不稳定时常常会造成资源供给的不稳定,这时候白银的避险功能开始发挥作用。现代社会的战略性资源需求日益增加,在重要战略资源富集地区的地缘政治出现不稳定预期时,如中东地区局势不稳定时,石油等重要战略性资源的供给就会受到威胁,社会运行状态将会被打乱,有重大避险功能的白银将会受到青睐,进而引起白银价格的上扬。

国际地缘政治事件与白银价格相互影响并相互验证,一方面,地缘政治不稳定预期会及时的反映到白银价格的变化上;另一方面,重大国际地缘政治事件发生前,白银价格一般会有所反应,这种反应可以视作是对地缘政治事件的预警。如"9·11"事件前,白银价格已经走出阶段性低点,并在"9·11"事件爆发之际走到阶段性高点,而"9·11"事件则推动白银价格一路上扬。

是不是发生地缘政治危机都会将推动银价大涨?其实这是一个比较

笼统的看法。并不是所有战争都会推动银价上升,2001年"9·11"事件后美国入侵阿富汗的战争就是典型的反例,当时战争开始后油价和金银价就开始了连续两个月的长足下行,这涉及战争的外在因素与内在性质。

能推升银价的战争具有两种特点:一种是涉及不利于以美国为主的主要经济体,导致美元下挫,汇率大幅波动,使得以美元标价的黄金价格上涨进而带动白银价格上涨;另一种就是影响全球能源供应格局,最经典的就是中东地区的原油之争,推动油价暴涨,从而带动银价上升。而不涉及这两方面的战乱或暴动对银价影响甚微。

延伸阅读

战争对银价的影响

苏联入侵阿富汗

1979~1989年,苏联为了夺得西亚地区的资源以及进一步威胁中国和抗衡美国在该地区的势力,发动了对阿富汗的入侵。在战争初期,苏联的进攻极为有力,迅速解决了阿富汗的正规军,这使得美国相对被动,反映出该时段以美国为代表的海权对亚欧大陆枢纽地带控制力下降,这段时期银价呈现大幅上涨状态,表明美国的霸权受到严重威胁。但随着战事的延长,苏联在山地和部落作战的软肋开始出现,而美国的霸权优势开始得到恢复,随后国际银价出现了较大幅度的回落。

伊拉克入侵科威

1990年,伊拉克企图获得中东霸权而入侵科威特。在苏联解体后,美国要防止的就是新霸权在中东的出现。伊拉克入侵科威特严重威胁了美国海权的利益,这使得美国对资源的控制力下降,进而威胁了美国的霸权稳定性。所以,伊拉克的入侵使得美国的地缘政治优势面临挑战,但是此后联合国的制裁决定和国际社会的普遍反对,使得伊拉克的行为受到极大的抵制，美国借力国际社会使得伊拉克在地区的影响力明升暗降，美国对该地区的影响力逐步恢复。这样的地缘政治使得国际银价在战争发动后先扬后抑。

美国入侵阿富汗

2001年9月11日的恐怖事件使得美国获得了一个很好出兵阿富汗的借口。苏联曾经兵败阿富汗，当时美国是阿富汗的盟友，此时美国趁着俄罗斯的衰落入侵阿富汗。由于苏联曾经在此地失败，所以美国入侵阿富汗使得国际金融界担心美国可能遭遇极大挫折，银价出现了短暂的小幅上涨。不过阿富汗政权表现得不堪一击，银价随之迎来大幅度的下跌。这里要强调一下的是，"9·11"事件当日银价暴涨，很多人仍记忆犹新，这反映了美国霸权遭到严重威胁。

伊拉克战争

美国借着反恐入侵伊拉克，由于科索沃和阿富汗战争的胜利，以及伊拉克的内外交困，美国取胜的几率很高，所以这也意味着美国对资源的控制力提高，国际银价在战争前后的短期内都出现了下跌。不过，随着美国逐步陷入伊拉克内部的局部冲突，美国的国力出现了慢消耗，所以国际银价逐步走高。

通过分析以上多个地缘政治事件对白银价格的影响，我们知道由于政治风险发生的原因、地点和所影响的地区不同，反映在白银价格波动幅度上也不尽相同，甚至银价的运行方向也不相同，白银市场的投资者如果以偏概全、从个人喜好出发推测，极可能招致惨痛的代价。这就需要具体问题具体分析，从全面、公正、客观的角度出发，判断其结果对白银价格产生的影响。

十一、原油与白银价格的长期相关关系是怎样的?

石油是现代经济的血液,石油价格的动荡会引发恶性通胀和经济停滞,这会影响白银的价格。石油价格的变动之所以会与银价同向波动,主要有两个方面的原因:第一,与石油相关资源的争夺往往是地缘政治形势不稳定的重要线索,这对作为全球金融储备的黄金价格影响较大,这必然对银价产生联动作用。第二,石油价格影响经济发展和通胀水平,而经济稳定与物价稳定都会影响银价走势。

国家的发展离不开经济资源的支撑,石油作为最重要的经济资源,自1970年以来,都是各国竞相争夺的对象。而占世界石油储量3/4的中东地区,更是历年来成为美国及其他国家为争夺资源导致战争危机不断的地区。国际地缘政治的紧张,造成石油的生产与供应相当不稳定,伊拉克入侵科威特、美国攻打伊拉克、伊朗核危机等,无不时时刺激油价步步高涨。地缘政治事件对石油价格的影响主要通过以下两个方面:第一,重大事件可能会直接影响石油的供求;第二,重大事件可能会影响石油市场中交易者对未来石油价格的预期。

白银价格与石油价格有着密切的联系,它们两者虽然没有严格的数学比例关系,但是大致涨跌趋势趋同(见图4-6)。一般来说,石油价格的小幅波动对白银市场的影响不大,当石油价格波动幅度较大时,会极大地影响到各国的通货膨胀和白银生产企业的生产成本,因而影响白银市场的价格趋势。

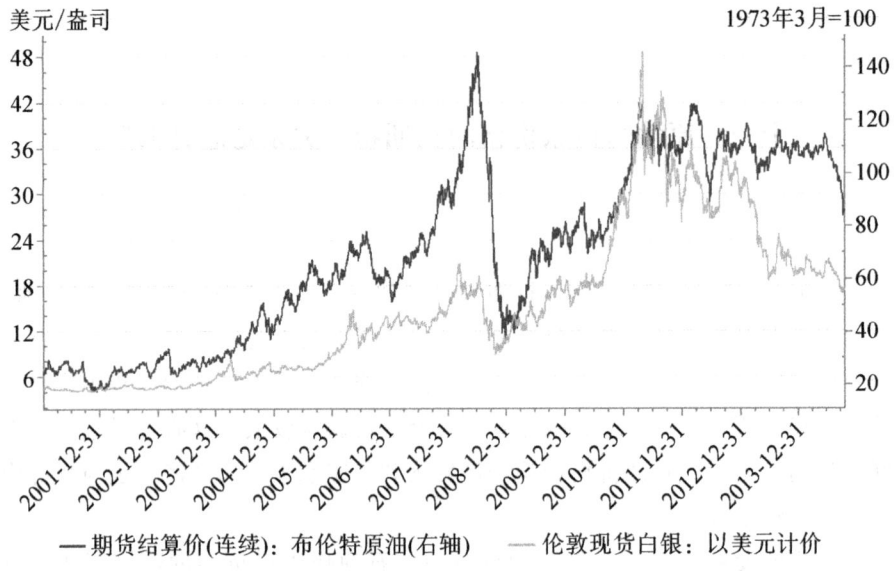

图 4-6 原油与白银日线走势图

资料来源：Wind 资讯，招金期货贵金属研究院。

十二、有色金属价格波动对白银价格产生什么影响？

全球约 2/3 的银资源是与铜、铅、锌、金等有色金属和贵金属矿床伴生的，1/3 是以银为主的独立银矿床。未来银的储量和资源仍主要来自副产银的贱金属矿床，而银从这些矿床中的提取将主要取决于贱金属市场的需求，因此，有色金属经常与白银表现出正相关性，在具体的交易过程中，有时会相互参考比较。伦敦银现货价与铜价格走势见图 4-7。

第四章 影响白银价格的主要因素 123

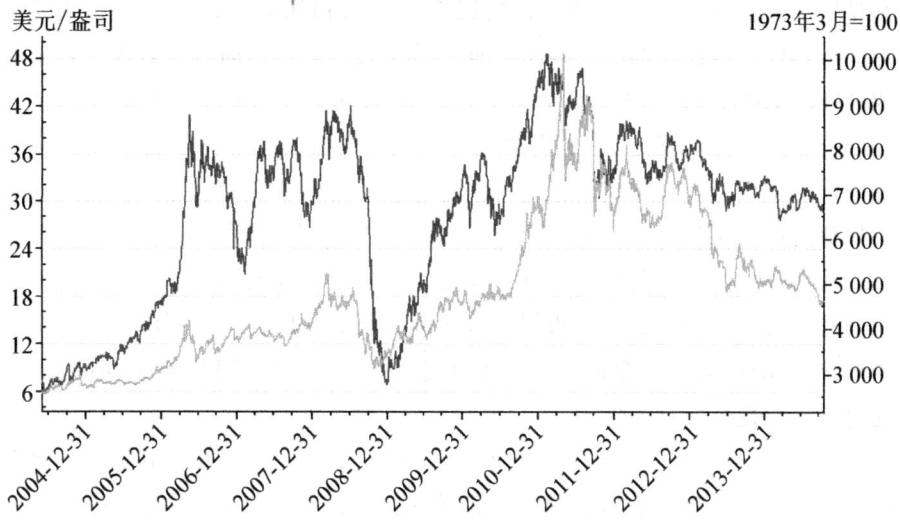

图4-7 白银与铜日线走势图

资料来源：Wind资讯，招金期货贵金属研究院。

 十三、短期资金流动对银价的波动性有什么样的影响？

在此前一轮牛市中，基金对大宗商品市场的参与程度大大提高，其资金流动对贵金属市场的价格波动也起到了比以往更加明显的影响。基金具有信息以及技术上的优势，因此他们在一定程度上具有前瞻性。白银市场中的主力基金的流向可以从两方面进行参考，一是国际市场上主要ETF产品的持仓变动，二是美国商品期货管理协会（CFTC）公布的衍生品市场的持仓变动。

白银ETF（Exchange Traded Fund）是交易所上市的开放式基金，是一种通过以白银为基础资产，跟踪白银现货价格波动的金融产品。作为一种在交易所上市交易的开放式基金，白银ETF持有白银现货，并不持有或者交易高风险的金融衍生品，如期货和期权等，投资者可以向基金管理公司申购或者赎回ETF份额，白银ETF通常以1/10盎司为一份基金单位，每份基金单位的净资产价格就是1/10盎司现货白银价格减去应计的管理费用。当市场上的众多投资者在预期白银价格将会上涨的时候，就会选择交易所这样方便快捷的投资渠道，买入白银ETF，这就促使基金公司在现货市场买入白银，从而推动白银现货价格上涨。反之，一旦投资者预期银价下跌，对ETF份额进行抛售，也会在现货市场形成压力，压制银价下跌。所以，观察全球主要白银ETF持仓规模的变化，有助于分析市场对白银价格预期的调整，为价格预测提供依据和参考。

从图4-8上来看，ETF持仓在中长期对白银价格的影响不明显，而在短期通常具有一定的影响，这由ETF的性质决定的，ETF持仓通过市场供求关系来影响白银价格波动，主要是通过两个方面：

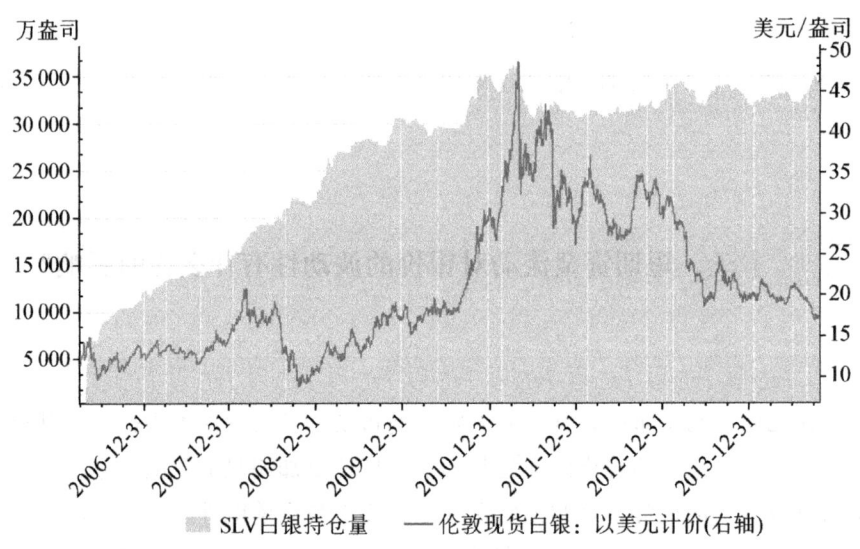

图4-8 白银ETF持仓与价格走势图

资料来源：Wind资讯，招金期货贵金属研究院。

1. 自身的因素。由于ETF的交易量和持仓规模比较大，每次加仓或减仓的量都会对当前市场上白银的供给和需求造成影响，比如加仓了，那么就意味的市场的买量变大的，会使得白银价格上涨，减仓则是相反的。

2. 影响市场其他主体的操作，很多人会关注 ETF 的持仓情况，如果 ETF 加仓了，市场上会有部分人也跟着加仓，这会起到一定的连带作用，造成市场买量增大，而减仓则相反。

需要注意的是，通常 ETF 公布持仓变化的时候，已经是加仓或减仓完毕，对白银价格影响存在滞后性。

另外，投资者需关注 CFTC 分布的衍生品市场持仓变化。CFTC 即美国商品期货交易委员会（Commodity Futures Trading Commission），CFTC 于美国东部时间每周五 15：30 公布当周二的持仓数据，持仓报告分为"期货"和"期货与期权"两种，在其公布的报告中，非商业持仓代表着市场中的大型投机资金的仓位，与 ETF 一样，非商业持仓对市场价格也具有一定的导向作用。由于衍生品市场在大宗商品定价中发挥着越来越重要的作用，尽管 CFTC 公布的持仓在时间上有一定的滞后性，但也能为投资者判断衍生品市场资金流向，预测价格提供较为客观的参考。

从图 4-9 上来看，非商业净多持仓与白银价格总体呈正相关关系，且在中长期似乎更为有效。基金持仓变化具有很强的前瞻性，对大级别行情的贡献也最大，因此阶段性的基金持仓中往往能够暗示出国际白银行情的走向。

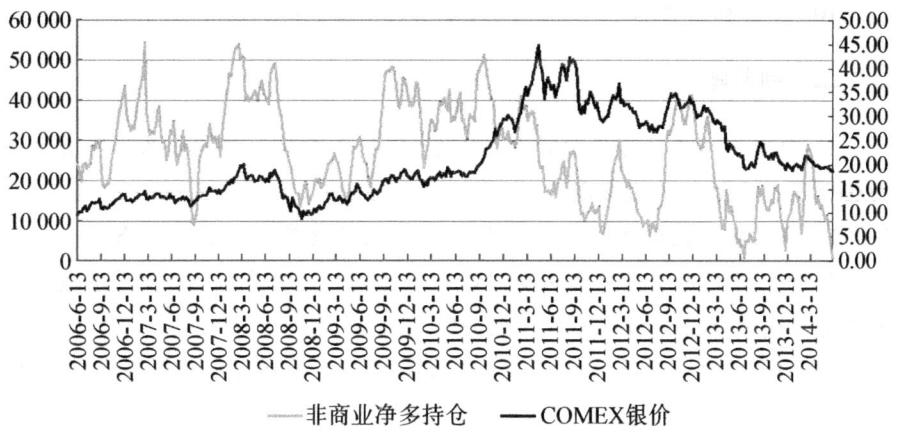

图 4-9 COMEX 白银 CFTC 持仓与价格走势图

资料来源：Wind 资讯，招金期货贵金属研究院。

自测题

一、填空题

1. 非农就业数据发布时间_____（美国东部时间点）。
2. 非农就业数据是每个月的第_____个星期五发布。
3. _____被誉为所有经济指标中的"皇冠上的宝石"。
4. ADP就业数据通常是星期_____发布，比非农就业数据早_____天。
5. 当周初请失业数据发布时间是星期_____。
6. 货币政策的两个方向是_____货币政策和_____货币政策。
7. 美联储三大常规货币工具是_____、_____、_____。
8. 美联储第四轮量化宽松结束的时间是2013年_____月。
9. 一般来说经济周期内可分为：_____、_____、_____、_____四个阶段。
10. 金银相关性_____（大于还是小于）60%。

二、判断题

1. 白银是以美元为买卖计价单位，二者存在着负相关关系，即美元强白银就弱，白银强美元就弱。（　　）
2. 非农数据能反映制造行业和服务行业的发展和增长。非农就业数据高，证明美国就业市场健康发展，就业率的提升说明美国经济繁荣景气，这样会导致美元上涨，白银的价格也会随着上涨。（　　）
3. ADP就业人数高，则说明经济发展良好，则对美元指数是利好消息，对白银价格会产生压力。（　　）
4. 美联储最有效、最常用的工具是在公开市场买卖政府证券。政府证券包括国债、票据和债券。想要提高现金流量和银行存款时，美联储就买入证券，想要降低现金流量时就卖出证券。（　　）

5. 白银价格与黄金价格在一定程度上具有正相关性，但这只是趋势上的一致。短期看，白银价格与黄金价格的正相关性并不十分突出，通常白银价格波动较黄金价格波动剧烈。（ ）

6. 当经济发展过热之后，必然会走向衰退，这时候投资者会开始担心通货膨胀，而因为白银具有对冲通货膨胀风险的功能，则白银市场的资本存量和流量在短期内会增加，白银价格自然会上涨。（ ）

7. 一般来说，当石油价格波动幅度较大时，对白银市场的影响也不大。（ ）

8. 美联储实施宽松的货币政策，白银的价格会出现上涨。（ ）

9. 美国挑战者企业裁员人数增加，显示就业市场恶化，对白银价格不利。（ ）

10. 萧条期是经济最艰难的一个时期，越来越多的人失业，人们对物品及服务的需求下降，本地居民生产总值的增长很低，甚至出现负增长，这时白银作为商品其价格会出现下降的走势。（ ）

参考答案

一、填空题

1. 8：30　2. 一　3. 就业报告　4. 三、两　5. 四　6. 宽松　紧缩
7. 调整联邦基金利率　公开市场操作　调整贴现率　8. 12　9. 繁荣期、衰退期、萧条期、复原期　10. 大于

二、判断题

1. 对　2. 错　3. 对　4. 对　5. 对
6. 对　7. 错　8. 对　9. 错　10. 对

第五章

白银期货投机交易

> **本章要点**
>
> 本章主要是通过与股票等其他风险类投资相比较的方式，让读者了解白银期货投机的特点、风险等内容，并归纳介绍了基本的交易和风险控制方法，希望能对读者日常交易起到参考作用。

 一、白银价格的波动性与其他商品期货相比有什么样的特点？

白银的价格走势基本跟随黄金，在历史上相当长时期内，黄金与白银共同以货币形式存在，两者之间价格相关系数很高，但是白银却又并非完全和黄金价格走势一致，其价格与黄金和其他商品相比表现出更高的波动率。

白银价格的波动幅度较大是由于其兼具金融属性和商品属性，一般而言，其商品属性强于金融属性。相对于黄金而言，白银的工业需求对其价格影响较大，由于工业应用占到白银需求的70%以上，因此白银容易受到经济发展景气程度的影响，对经济方面因素的变化比较敏感，比如工业生产力、制造业需求等。相反，黄金需求基本上都是由于纯粹的投资需求和珠宝需求，与货币方面的因素变化息息相关，比如实际利率的走势、通货膨胀以及美元的升值或贬值。另外与黄金相比，白银价格更大的波动率也在于白银市场更小的容量以及更高的投机倾向。从增量需求的角度看，白银每年的需求总量按价值计算约为黄金的15%，而从存量保有量的角度看，由于历史上开采的白银大部分已被消耗，其地表保有量按价值计算同样明显低于黄金；同时，由于白银的存量更分散、回收成本也更高，导致相当一部分白银存量被"固化"在首饰或银器中。因此，同样的资金量在白银市场中产生的冲击要大得多，这也直接导致白银市场的波动性明显高于黄金。同样，与其他商品相比，白银表现出较强的金融货币属性，受到经济发展、避险、利率、通胀水平等因素的影响，并且作为传统上的货币，容易受到投资资金的追捧，因而白银对其他商品的也表现出较大的价格波动性。

 二、白银期货投机交易中的资金管理为什么特别重要？

期货资金管理，是指严格控制期货投资使用资金的比重，使之不超过一定限定，其主要目的是通过对头寸规模的限制来控制总资金面临的风险，是期货投资交易过程中最重要的部分。在期货市场上有很多非常有投机天分的交易者的交易账户都曾出现过巨幅获利，但后来却大幅回吐，原因是多方面的，包括资金管理不当、进出场技术、止损的执行、情绪性因素等，但是最大的问题是资金管理和风险控制。许多投资者因为进出场位置选择等错误会导致账面出现亏损，但是亏损的幅度是由资金管理决定的。资金管理是指资金的配置问题，其中包括投资组合的设计，整体账户风险承受度、每笔交易初始风险承受度、如何进行仓位调整等方面。合理的资金管理和风险控制意识增加了交易者的生存机会和获胜几率，减少不必要的损失。白银期货价格剧烈的波动性特征要求投资者做好资金管理，否则更容易被清除出局。

资金管理可分为三个层次，第一个层次是控制投入到所有品种的资金占总资金的比例，使之不超过某一水平。在实际运用中比较常用的控制比例是50%左右，即总的占用资金不超过账户资金的50%。第二个层次的资金管理是控制投入到一个市场群中的资金比例，比较常用的限额是25%或30%。第三个层次的资金管理是控制总资金投入到单个品种的资金量，使之不超过某一限额，一般使用的控制比例是10%到15%。

资金管理是期货交易中一个十分重要的保护策略，因为期货价格变化莫测，价格波动剧烈，加上保证金交易的杠杆作用，使市场风险成倍放大，如果投资者不注重对投入资金的有效控制，经常重仓或者满仓操作，市场价格一个较大的不利变动就会使投资者损失惨重，失去了再次操作挽回损失的机会。但是，如果有严格的资金控制，投入到单次操作的资金量较小，即使交易部位有很大的亏损，但总资金仍然是比较安全的，还有挽回损失的本金机会，不至于一招失利满盘皆输。

三、白银期货投机交易的准备工作都有哪些？

（一）充分了解白银期货合约

为了尽可能准确地判断期货合约价格将来的变化趋势，在决定是否买入或卖出期货合约之前，应对白银期货合约的相关交易规则和风险管理制度进行全面、准确和谨慎的研究。在投机操作之前，须熟知白银期货通常的涨跌幅度，最小价格波动单位，每手的数量，价格波动的活跃时间段等。只有在对合约有足够的认识，才能决定准备投入的资金比例，持仓的规模等指标。

同时，应通过基本而分析或技术分析，或将两种技巧方法加以综合地运用，选择合适的入场点和出场点。

（二）确定止损止盈位置

通常情况下，投资者个人倾向是决定可接受的最低获利水平和最大亏损限度的重要因素。通过对白银期货合约进行预测，投资者应该比较风险与收益比值，既然从事投机交易就同时面临着盈利和亏损两种可能，那么，在决定是否买多或卖空期货合约的时候，交易者应该事先为自己确定一个最低获利目标和所期望承受的最大亏损限度，作好交易前的心理准备。

（三）核定资金准备

在确定了获利目标和亏损限度后，还要确定资金额度。为了尽可能增加获利机会，增加利润量，持仓应限定在自己可以完全控制的数量之内。同时，还应有长远的眼光，为可能出现的新的交易机会留出一定数额的资金。比如白银期货价格 4 150 元/千克，保证金比率 14%，一手保证金 = 4 150 × 15 × 14% = 8 715（元），如果风险度控制在 55%，则需准备资金为 15 846元。

四、白银期货投机常见的方法都有哪些？

1. 买低卖高或卖高买低，赚取价差。只要认为后市价格上涨就可买进，待价格上升到一定价位后再卖出平仓；认为后市下跌就可卖出，待价格下跌到一定价位后再买进平仓。

2. 平均买低或平均卖高。如果建仓后市场行情与预测方向相反，可采用平均买低或平均卖高的策略。在买入白银期货合约后，如果价格下跌则进一步买入合约，以求降低平均买入价，一旦价格反弹可在较低价格上卖出止亏盈利，这种方法是平均买低。在卖出白银期货合约后，如果价格上涨则进一步卖出合约,以提高平均卖出价格,一旦价格回落可以在较高价格上买入止亏盈利,这就是平均卖高。投机者在采取平均买低和平均卖高策略时,必须对市场大势的看法不变为前提。否则,在总趋势都变化做这种交易将会加重损失。比如2014年3月26日,投机者预计白银日内时段将有一波超跌反弹,因此想做超短线,在北京时间9:58时以4 142元/千克的价格买入一手白银,但随后白银价格下行,为了调低均价,他随后以4 134元/千克的均价再买入一手,两手合计均价4 138元/千克,下午白银价格触底反弹4 140元/千克,这样他就能够每千克赚取2元的投机利润了。

3. 金字塔式买入卖出。具体做法是:如果建仓后市场行情与预料相同并已经使投资者获利,可以增加持仓。增仓应遵循以下两个原则:第一,只有在现有持仓已经盈利的情况下,才能增仓;第二,持仓的增加应依次递减,形成稳定的金字塔模式。

案例 5-1

某投机者在2014年3月17日预测6月份白银期货合约价格将持续下跌,故卖出5手(1手=15千克),成交价格为4 300元/千克,此后合约价格大幅下行到4 230元/千克,首次卖出的5手合约已经为他带来浮盈15×5×(4 300-4 230)=5 250(元)(不考虑手续费)。为了进一步利用该价位的有利变动,该投机者再次在4 230元/千克的价格卖出4手6月份合约,持仓总数增加到9手,9手合约的平均卖出价为(4 300×5×15+4 230×4×15)/(9×15)=4 268元/千克。当市场价格再次下降到4 190元/千克时,又卖出3手合约,持仓总计12手,所持仓的平均价格为4 249元/千克。当市价下降到4 170元/千克再卖出2手,所持有合约总数为14手,平均卖出价约4 237元/千克。当市价下降到4 150元/千克再卖出1手,所持有合约总数为15手,平均卖出价为4 231元/千克。当沪银价格到达4 131元/千克时,投机者平仓盈利=15×15×(4 231-4 131)=22 500(元)(不考虑手续费)。

该投机者增仓情况见图5-1。

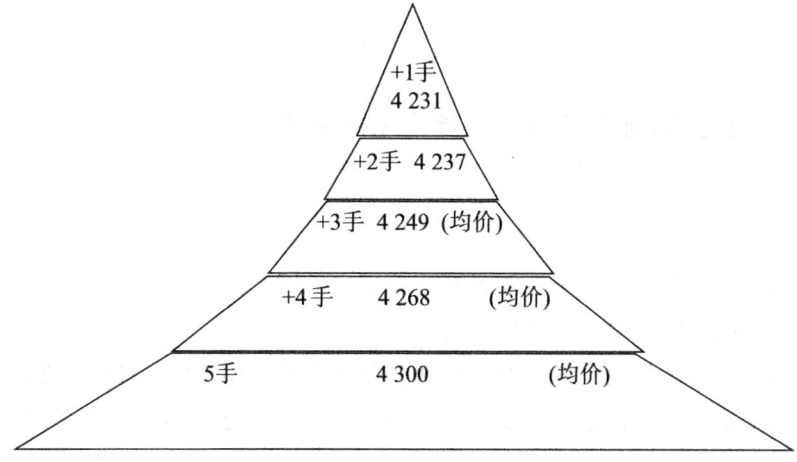

图 5-1 该投机者增仓情况

资料处理：招金期货贵金属研究院。

这是金字塔式的持仓方式和建仓策略。采取金字塔式卖出合约时持仓的平均价虽然有所下降，但跌幅远小于合约市场价格的跌幅。市场价格上升时，持仓不至于受到严重威胁，投机者可以有充足的时间买入合约平仓并取得相当的利润。当然，该例有其特殊性，就在于行情持续下跌，对于投机者的持仓始终是有利。

如果建仓后，虽然市况变动有利，但投机者增加仓位不按原则行事，每次买入或卖出的合约份数总是大于前次买入或卖出的合约份数，买入和卖出合约的平均价就会和最近的成交价相差无几，只要价格稍有下跌或上升，便会吞食所有利润，甚至蚀本。因而在日常的交易中，倒金字塔式买入卖出数量的增加不应提倡。

为了尽可能利用市场的有利变动，也可以采取一种金字塔式的变形。最初建仓时买卖少量合约，如果市况有利，分次买入或卖出同种合约，每次买入或卖出的合约份数均大于前次买卖的数量。在所持有的持仓达到一定数量后，分次逐步递减买卖合约。上述案例如果运用这种变形策略，预计投机者的收益状况将会更好。读者可以尝试性演练一下上述案例。

五、如何选择白银期货的入市时机?

入场时机的选择对于投资者的盈亏会产生较大影响,从长期来看,时刻保持谨慎的态度,是能够维持长期盈利的必然选择。

白银期货市场投资者一般采取基本分析法来选择入场,投资者会根据影响白银期货市场的信息,仔细研究市场是处于牛市还是熊市。如果是牛市,要分析升势有多大,持续时间有多长;如果是熊市,要分析跌势有多大,持续时间有多长。

投资者还需权衡风险和获利前景,预估收益与回报比。只有在获利的概率较大时,才能入市。白银期货市场获利潜力大也意味着承担的较大的风险,所以投机者在入市时,要充分考虑自身承担风险的能力。

当经过分析决定入市时,因为白银期货价格变化很快,入市时间的决定就显得很重要。即使对市场发展趋势的分析正确无误,如果入市时间错了,在预测趋势尚未出现时即已买卖合约,仍会使投机者蒙受惨重损失。技术分析法对选择入市时间有一定作用。基本分析法表明从长期看来期货将上涨(下跌),如果当时的市场行情却持续下滑(上升),这时可能是基本分析出现了偏差,过高地估计了某些供求因素,也可能是一些短期因素对行情具有决定性的影响,使价格变动方向和长期趋势出现暂时的背离。建仓时应该注意,只有在市场趋势已经明确上涨时才买入期货合约,在市场趋势已经明确下跌时才卖出期货合约。如果趋势不明朗,或不能判定市场发展趋势就不要匆忙建仓。

六、白银期货投资的技术分析方法有哪些?

市场对于技术分析的主要理论可以分为道氏理论、江恩理论、波浪理论、K 线理论、量价关系理论、切线理论、形态理论等,对于上述理论与技术分析指标的综合应用形成了不同投资者的不同交易体系。通过对白银期货投资技术分析做简化介绍,读者可以对技术分析理论和应用有初步的了解。

(一)道氏理论

主要内容有:(1)市场价格指数可以解释和反映市场的大部分行为。(2)市场的波动最终可以分为三种趋势,即主要趋势、次要趋势和短暂趋势(见图 5 - 2)。(3)交易量提供的信息可以帮助我们理解一些令人困惑的市场行为。(4)收盘价是最重要的价格。

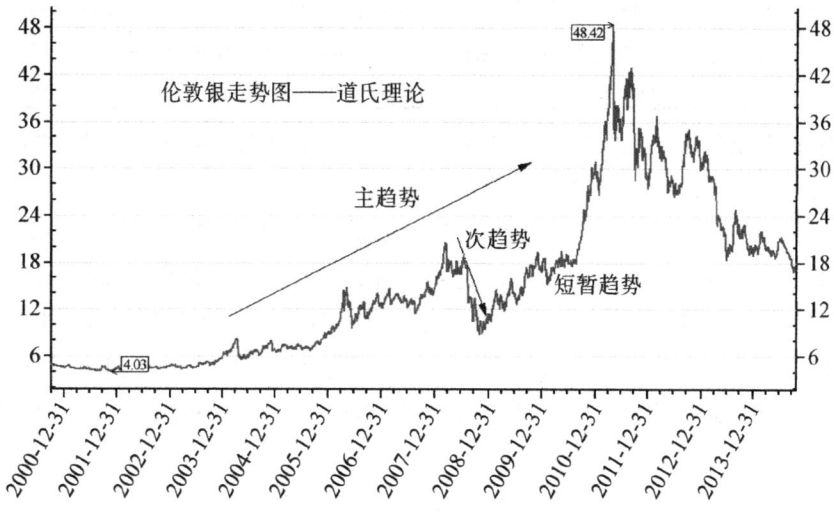

图 5 - 2 道氏理论

资料来源:Wind 资讯。

不足：(1) 对主要趋势判断作用较大，但对每日每时的小波动无太大判断能力。(2) 操作性相对较差，结论落后于价格，反应相对迟滞，理论本身也存在不足。

(二) 江恩理论

江恩理论是以研究测市为主的，江恩通过数学、几何学、宗教、天文学的综合运用，建立起自己独特的分析方法和测市理论。主要内容：江恩循环周期理论、江恩共振理论。

江恩理论认为较重要的循环周期有短期循环：1小时、2小时、4小时、……18小时、24小时、3周、7周、13周、15周、3个月、7个月；中期循环：1年、2年、3年、5年、7年、10年、13年、15年；长期循环：20年、30年、45年、49年、60年、82或84年、90年、100年。30年循环周期是江恩分析的重要基础，因为30年共有360个月，这恰好是360度圆周循环，按江恩的价格带理论对其进行1/8、2/8、3/8……7/8等，正好可以得到江恩长期、中期和短期循环。周期理论中四个重要的基本原理：叠加原理、谐波原理、同步原理、比例原理，以及两个通则原理：变通原理、基准原理。关于时间周期，江恩将"7"及其倍数的周期视作重要的转折点。如果这个数字是菲波纳契数×7，那这个数字更神奇。我们如何理解"7"这个数字呢，在江恩眼里，上帝用7天创造了世界，因此"7"是一个完整的数字；在圣经中，人类最大的敌人——死亡的恐惧也是可以克服的，耶稣在死后的第3天站起来，第7天复活，这意味着7天是一个周期，"3"是菲波纳契数字，就是"4"也相当不平凡。地球自转一周为360度，每4分钟旋转1度，因此，最短的循环可以是4分钟，地球启转一周需再24小时，也是4的倍数，所以4×7天的周期也是一个很重要的短期周期。而上述一系列数字构成了价格变化的时间窗，一旦市场进入了时间窗，我们还须依靠其他技术工具做过滤器，如摆动指标 KDJ、RSI 等，过滤伪杂信息来判断转折点的出现，并得出交易信号。

市场共振并不是随时都可以发生，而是有条件的，当这些条件满足时，可以产生共振；当条件不满足时，共振就不会发生；当部分条件满足时，也会产生共振，但作用就小；当共振的条件满足得越多时，共振的威力就越大。在许多时候，已经具备了许多条件，但是共振并没有发生，这可以理解为万事俱备、只欠东风。如下情况将可能引发共振现象：当长期投资者、中期投资者、短期投资者在同一时间点，进行方向相同的买入或卖出操作时，将产生向上或向下的共振；当时间周期中的长周期、中周期、短周期交汇到同一个时间点且方向相同时，将产生向上或向下共振的时间点；当长期移动平均线、中期移动平均线、短期移动平均线交汇到同一价位点且方向相同时，将产生向上或向下共振的价位点；当K线系统、均线系统、成交量KDJ指标、MACD指标、布林线指标等多种技术指标均发出买入或卖出信号时，将产生技术分析指标的共振点；当金融政策、财政政策、经济政策等多种政策方面一致时，将产生政策面的共振点；当基本面和技术面方向一致时，将产生极大的共振点。

(三) 波浪理论

艾略特波段理论内容的几个基本的要点：（1）一个完整的循环包括八个波浪，五上三落（见图5-3）。（2）波浪可合并为高一级的浪，亦可以再分割为低一级的小浪。（3）跟随主流行走的波浪可以分割为低一级的五个小浪。（4）1、3、5三个波浪中，第3浪不可以是最短的一个波浪。（5）假如三个推动浪中的任何一个浪成为延伸浪，其余两个波浪的运行时间及幅度会趋一致。（6）调整浪通常以三个浪的形态运行。（7）黄金分割率理论

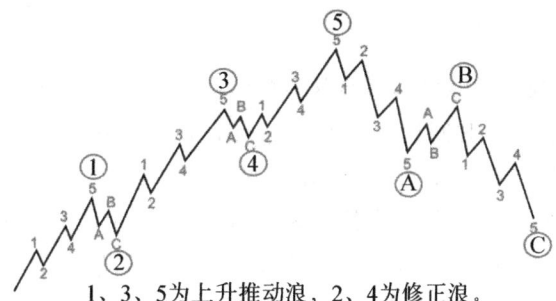

1、3、5为上升推动浪，2、4为修正浪。
A、C为下跌推动浪，B浪对A浪进行修正浪。

图5-3　波浪理论

资料处理：招金期货贵金属研究院。

奇异数字组合是波浪理论的数据基础。(8) 经常遇见的回吐比率为 0.382、0.5 及 0.618。(9) 第四浪的底不可以低于第一浪的顶。(10) 艾略特波段理论包括三部分：形态、比率及时间，其重要性以排行先后为序。(11) 艾略特波段理论主要反映群众心理。越多人参与的市场，其准确性越高。

（四）K 线理论

K 线又被称为蜡烛图，起源于 18 世纪日本的米市。它是以每个交易日（或每个分析周期）的开盘价、最高价、最低价和收盘价绘制而成（见图 5-4）。K 线是一条柱状的线条，由影线和实体组成。中间的矩形称为实体，影线在实体上方的细线叫上影线，下方的部分叫下影线。实体分"阳线"和"阴线"，收盘价高于开盘价为阳线，收盘价低于开盘价为阴线。

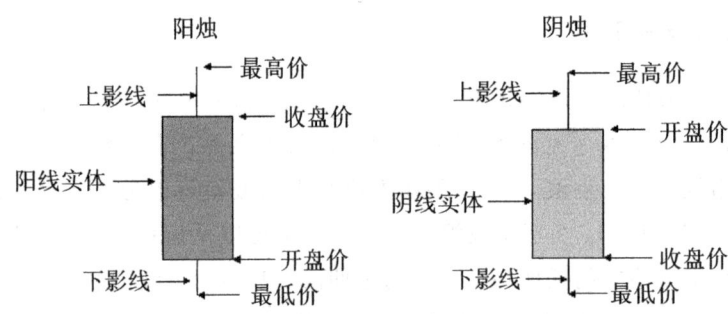

图 5-4　K 线

资料处理：招金期货贵金属研究院。

1. 单根 K 线。能够揭示买卖双方在单位时间内对价格争夺结果的状况，体现买卖双方在单位时间内实力对比状况，预示单位时间内价格的变化趋势，提供单位时间内的买卖力量对比（见图 5-5）。

根据 K 线的计算周期可将其分为日 K 线，周 K 线，月 K 线等。例如，周 K 线是指以周一的开盘价，周五的收盘价，全周最高价和全周最低价来画的 K 线图。

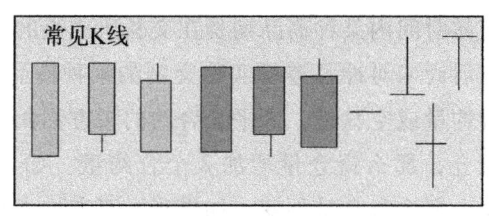

图 5-5　常见 K 线举例

资料处理：招金期货贵金属研究院。

2. K 线组合。从大的分类来看，K 线的组合形态分为反转组合形态和持续组合形态（见图 5-6）。在白银价格运行的不同阶段出现同样的 K 线组合代表含义不相同。比如，同样是孕线，在下跌段尾声出现就比震荡阶段出现的见底信号更可信。所以，我们不能一见到孕线或者启明星线就认为是底部到来，必须结合整个趋势综合来看。同时，K 线组合必须配合成交量来看。成交量代表的是力量的消耗，是多空双方博弈的激烈程度，而 K 线是博弈的结果。只看 K 线组合，不看成交量，其效果要减半。所以成交量是动因，K 线形态是结果。

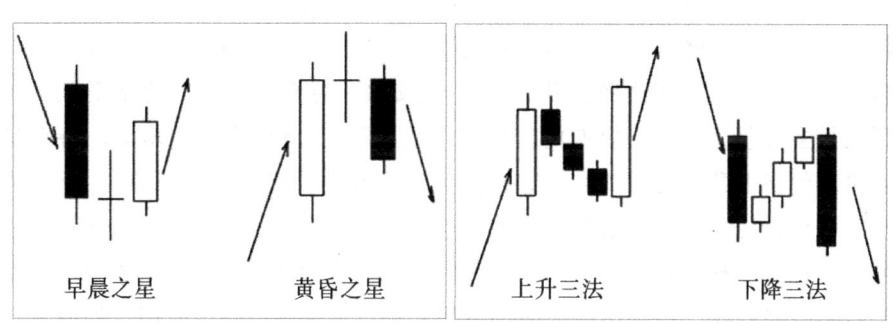

图 5-6　K 线组合举例

资料处理：招金期货贵金属研究院。

（五）量价关系理论

量价关系理论是用成交量、持仓量与价格的变动关系分析、预测期货市场价格走势的一种方法。我国期货市场的成交量和持仓量是双边统计的。成交量指在一定的交易时间内某种商品期货在交易所成交的合约数量。持仓量指的是买入或卖出后尚未对冲及进行实物交割的某种商品期货合约的数量，也被称为未平仓合约量或空盘量，未平仓合约的买方和卖方是相等的。如果买卖双方均为新开仓，那么持仓量增加2个合约量。如果其中一方为新开仓，另一方为平仓，那么持仓量不变。如果买卖双方均为平仓，那么持仓量减少2个合约量。当下次开仓数与平仓数相等时，持仓量也不变。由于持仓量是从该种期货合约开始交易起，到计算该持仓量止这段时间内尚未对冲结算的合约数量，因此持仓量越大，该合约到期前平仓交易量和实物交割量的总和就越大，成交量也就越大。因此，分析持仓量的变化可推测资金在期货市场的流向。持仓量增加，表明资金流入期货市场；反之，则说明资金正流出期货市场。

成交量和持仓量的变化会对期货价格产生影响，同时期货价格的变化也会引起成交量和持仓量的变化。因此，分析三者的变化，有利于正确预测期货价格走势。（1）成交量、持仓量增加，价格上升，表示多方正在大量开仓，近期内价格还可能继续上涨。（2）成交量、持仓量减少，价格上升，表示空方大量补货平仓，价格短期内向上，不久将可能回落。（3）成交量、持仓量增加，价格下跌，表明空方大量开仓，短期内价格还可能下跌，但如抛售过度，反可能使价格上升。（4）成交量、持仓量减少，价格下跌，表明大量多方急于平仓，短期内价格将继续下降。（5）成交量增加，持仓量减少，价格上升，说明多方空方都在大量平仓，价格马上会下跌。（6）成交量增加，持仓量和价格下跌，表明空方利用多方卖货平仓导致价格下跌之际陆续补货平仓获利，价格可能转为回升。在一般情况下，如果成交量、持仓量与价格同向，那么该期货品种价格趋势可继续维持一段时间；如两者与价格反向时，价格走势可能转向。当然，这还需结合不同的价格形态作进一步的具体分析。

（六）趋势理论

根据趋势理论，顺应趋势操作便成为通道操作的最基本要领，通道的轨线被测试的次数越多，持续的时间越长，可靠性越高（见图5-7）。

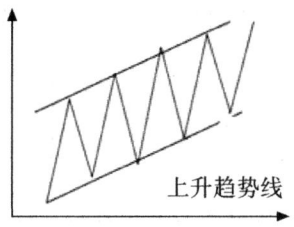
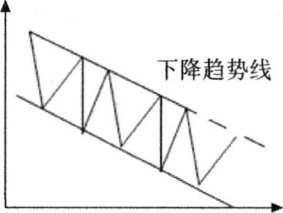

图 5-7 趋势通道

资料处理：招金期货贵金属研究院。

研判要点：(1) 上升趋势线由各波动低点连成，下降趋势线由各波动高点连成。(2) 上升趋势线是价格回挡的支撑点当上升趋势线被跌破时形成出货信号。下降趋势线是价格反弹的阻力位一旦下降趋势线穿破形成进货信号。(3) 无论向上突破还是向下突破均以超过3%（仅供参考）方为有效突破，否则为假突破。(4) 向上突破须以成交量放大，而向下突破无需量的配合但确认有效后成交量方会增大。(5) 如果突破以缺口形式出现的话则突破将是强劲有力的。(6) 在上升或下降趋势的末期，股价会出现加速上升或加速下跌的现象，所以市况反转时的顶点成底部一般均远离趋势线。

（七）形态理论

形态分析是技术分析的重要组成部分，它通过对市场横向运动时形成的各种价格形态进行分析，并且配合成交量的变化，推断出市场现存的趋势将会延续或反转。价格形态可分为反转形态和整理形态，常见的反转形态有：头肩形、三重顶与底、双重顶与底、V形顶与底、圆型、三角形反转等；常见的整理形态：三角形、矩形、菱形、旗形、楔形等（见图5-8）。

（八）技术指标

技术指标是依据一定的数理统计方法，运用一些复杂的计算公式，来判断价格走势的量化的分析方法，主要有趋势型指标、摆动型指标、人气型指标等。

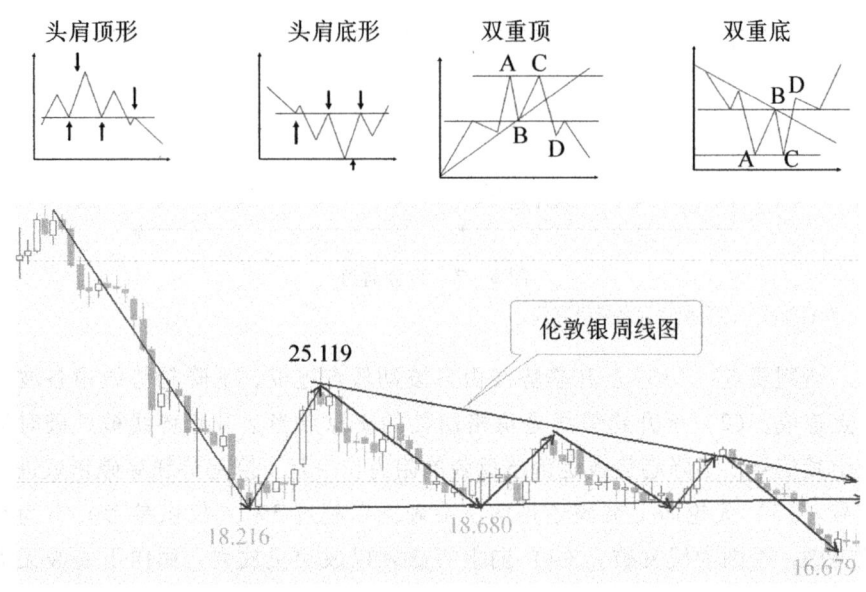

图 5-8 形态理论举例

资料来源：文华财经。

七、白银期货投机交易中如何做好资金和风险管理？

投机者的资金实力有大有小，交易方式也各有不同，但如何充分合理地运用期货投资资金，是期货投资成功与否的关键因素之一，它与如何开仓，如何持仓，如何调整心态共同构成期货投资成败的四大要素。

资金管理主要包括：投资资金的配置、止损点的设计、收益与风险的权衡、在经历了成功阶段或挫折阶段之后采取何种措施，以及选择保守稳健的交易方式还是积极大胆的交易方式等方面。通常的资金管理方式是将投资额应限定在全部资本的50%以内为宜。如果白银期货是1手8 000元的保证金，那投资者全部资金控制在2万~4万元之间比较合适，更多的买入卖出数量，客户资金也相应倍数增加。对于其他可用资金，投资者可以用来应付交易中的亏损或临时性支出，这样一般不会出现资金紧张的问题，这一措施的目的在于可以防止交易中在白银期货这个单一品种上注入过多资金，使得风险相对集中。在白银期货市场的最大亏损金额建议控制在总资本的5%以内，即若交易者判断方向出现错误，假设资本是2万元，承受的最大亏损是1 000元。

自测题

一、填空题

1. 白银期货市场按交易类型主要有_____、_____、_____。
2. 当前合约为多头持仓，以与当前多头持仓量相同的手数卖出开空仓，使当前合约形成_____（委托方式）。
3. 白银价格趋势有三种：_____、_____、_____。
4. 在行情出现不利走向时，损失出现并不可怕，怕的是不能及时_____，酿成大祸。
5. 爆仓大多与资金管理不当有关，为避免这种情况的发生，需要控制好持仓量，切忌象股票交易中可能出现的_____操作。

二、单选题

1. 白银期货投机行为不具有的特征是（　　）。
   A. 风险是否人为制造　　B. 以获取利润为目的
   C. 主动承担风险　　D. 一般不进行交割
2. 以下哪种行为不属于白银期货日内交易常见错误？（　　）。
   A. 入场点选择不当　　B. 不会止损
   C. 盲目加仓　　D. 合理管理仓位
3. 以下哪种不属于白银期货投机常见的方法？（　　）。
   A. 买低卖高或卖高买低　　B. 平均买低或平均卖高

C. 金字塔式买入卖出　　　D. 随机买卖

4. 对待止损的正确态度是（　　）。

　　A. 侥幸的心理　　　　　B. 犹豫不决

　　C. 破罐破摔　　　　　　D. 预先合理判断

三、判断题

1. 白银期货交易是全额交易。　　　　　　　　　　　　（　　）。
2. 白银期货交易方向是双向。　　　　　　　　　　　　（　　）。
3. 白银期货不实行每日结算。　　　　　　　　　　　　（　　）
4. 期货交易与股票交易一样，不存在爆仓风险。　　　　（　　）
5. 资金和风险管理标准是统一的。　　　　　　　　　　（　　）
6. 白银期货投机就是赌博。　　　　　　　　　　　　　（　　）
7. 没有方式可以避免爆仓，市场参与者都面临爆仓风险。（　　）

参考答案

一、填空题

1. 投机、套期保值、套利　2. 锁仓　3. 上涨、下跌、盘整　4. 止损　5. 满仓

二、单选题

1. A　2. D　3. D　4. D

三、判断题

1. 错　2. 对　3. 错　4. 错　5. 对　6. 错　7. 错

第六章

白银企业对冲策略

本章要点

通过阅读本章,可以简单掌握白银企业进行对冲(套期保值)的基本原理,了解企业风险管理组织架构和工作流程,并可以了解到白银产业链中不同企业参与白银对冲的策略、方法和可能出现的风险点,以及如何设计良好的对冲计划以提高企业对冲效果。

 一、什么是对冲?

本章节中的"对冲"(Hedge),是避险的含义,国内也通常称之为"套期保值"。对冲交易简单地说就是盈亏相抵的交易,是同时在现货市场和期货市场进行的行情相关、方向相反、数量相当、盈亏相抵的交易。白银风险对冲是把期货市场当作转移价格风险的场所,利用白银期货合约作为将来在现货市场上买卖商品的临时替代物,对其现在买进准备以后售出或对将来需要买进白银的价格进行保险的交易活动。

二、白银企业为什么要进行对冲?

运用对冲策略进行套期保值,管理价格风险的主要是白银产业链上的企业。企业日常经营中遇到的风险有很多,总体归为两类。一类为系统性风险,是指风险的产生与形成不能由风险承担者所控制的风险,它又分为两类,其一是宏观环境变化的风险,如不可抗力的自然因素变动以及由于政治因素、经济因素和社会因素等变化的风险,这种风险是企业管理者不能左右的。其二是政策性风险。管理当局根据市场发展的特定阶段通过制定、颁布、实施政策加强对市场的宏观管理,政策是否合理,在很大程度上决定于管理当局对行业的认识、经验与成熟程度,因此政策的实施、变动带有很大的主观性,如果政策不合理,政策变动过频或者政策发布缺乏透明度等,都可能在不同程度上对市场的相关主体直接或间接的产生影响,造成不可预期的损失,进而引发风险。

另一类风险为非系统性风险,也称作市场风险,是指通过企业相关主体采取措施,可以控制或管理的风险,包括信用风险、运行风险、技术风险、财务风险、法律风险等。其中运行风险又包括投资风险、经济合同风险、产品市场(价格)风险、采购与存货风险、债务风险、汇率风险等。

白银产业链相关企业可以通过对冲规避因产品或原材料价格大幅波动引发的部分运行风险和财务风险,提高企业的经营效益。

（一）确定采购成本，保证企业利润

供货方已经跟需求方签订好现货供货合同，将来交货，但供货方此时尚无须购进合同所需材料，为避免日后购进原材料时价格上涨，通过期货买入相关原材料锁定利润。

（二）确定销售价格，保证企业利润

生产企业已经签订采购原材料合同，通过期货卖出企业相关成品材料，锁定生产利润。

（三）行业原料上游企业保证生产利润

白银生产企业通过期货卖出相关产品，锁定企业利润。

（四）保证贸易利润

白银加工企业签订了相关买卖合同，在期货卖出或买进相关产品锁定贸易利润。

（五）调节库存

1. 当认为当前原料价格合理需要增加库存时，可以通过期货代替现货进行库存管理，通过其杠杆原理提高企业资金利用率，保证企业现金流。

2. 当原材料价格下降，企业库存因生产或其他因素不能减少时，在期货上卖出避免原料价格贬值给企业造成损失。

近些年，在国际白银市场加剧动荡，并且在 2013 年和 2014 年白银价格下跌趋近市场普遍认可的白银成本价，白银生产企业面临亏损的风险，在这种背景下运用期货市场参与套期保值，实现风险管理的做法越来越得到产业链上企业的认可。

三、与其他商品期货相比，白银对冲保值的主要特点有哪些?

1. 白银价格的波动率较高，相比较其他商品期货企业而言，白银产业链的企业更需对冲保值。从历史的走势来看，白银价格波动性在所有金属品种中是最大的，因此，这对于白银产业链的企业而言意味着更为显著的市场风险，企业参与套期保值交易的必要性更为凸显。

2. 相比较其他商品期货，白银流动性更强、交投更活跃的特点，使得白银期货套期保值能够实现常态化。白银期货成交量和持仓量稳步增长，为现货企业套期保值提供了更为充裕的流动性，自 2012 年 5 月 10 日上市以来，白银期货成交活跃，主力合约成交量每日在 20 万手以上，折合白银 3 000吨以上，而持仓量在 20 万手左右；2013 年 7 月 5 日白银连续交易开启之后，日内成交更为活跃，成交量经常在 100 万手以上，甚至有的交易日高达二百、三百万手以上，同时白银持仓量也大幅增加至 50 万手左右。活跃且具有深度的期货市场为现货企业套保操作提供了流动性。虽然白银期货的成交量和持仓量主要集中在主力合约，但是较远期的合约也具有相当的成交量和持仓量，这使得白银期货没有出现交易活跃但流动性过于集中在单一合约的情形。白银期货流动性在远近合约之间有合理的分配，既增加了现货企业套保期限的选择，使得期货市场合约与企业套保的期限更为匹配，也便于企业逐步向远期合约移仓，避免合约期限的"断层"，有利于套期保值策略的常态化。

四、白银企业如何设计套期保值运营架构？

严格的套期保值制度和合理的组织架构，配合风控管理是企业进行期货套期保值的前提条件，有利于防范期货操作风险，确保现货企业的平稳经营。一般而言企业参与期货交易必须要构建完善的交易与风控体系，其中包括决策委员会由风控委员会、交易委员会、资金委员会三部分组成，交易委员会下设期货部，期货部设部门负责人，成员组成为：风控员、信息员、方案设计员、交易员（见图6-1）。

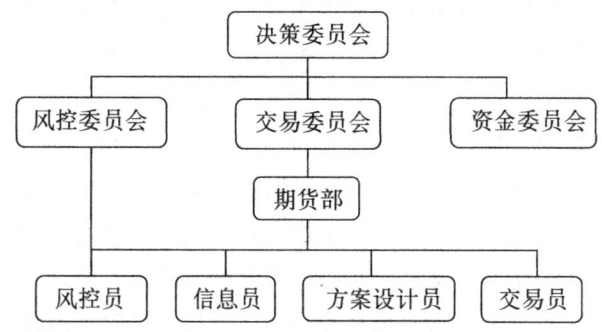

图6-1 企业交易决策委员会组织架构

图表处理：招金期货贵金属研究院。

白银企业在设计套期保值组织架构过程中，成立金融衍生品交易决策委员会，主任由公司董事长亲自兼任，副主任为公司相关副职，成员为涉及相关业务的各部门负责人；决策委员会下设风控委员会、交易委员会、资金委员会部门。

（一）风控委员会

风控委员会主要控制交易过程中的风险，以审计部门为主。其主要职责是监督交易有关人员风险管理工作流程；定期审查企业交易风险控制制度的设计与执行,及时发现风险管理中存在的内控缺陷,提出改进意见并报告;对交易部提交的风险事件报告进行审查并向决策委员会提交处理意见;对交易方案的实施进行风险评估等。

(二) 交易委员会

交易委员会负责人可由负责白银生产经营的领导担任,成员组成主要以销售负责人为主,另外包含生产、供应方面负责人。其主要职责是对公司负责,制定公司从事交易的总体规划;审批小组提交的参与交易的投资方案;制定并审查对各阶段交易的综合评估报告;监督协调各部门实施交易规章制度;对交易人员进行业绩考核。交易委员会下设交易部,设部门负责人,由交易委员会直接管理,成员主要由风控员、信息员、交易员等组成,各成员专司其职。

其中,交易部负责人主要负责初步审核投资方案;向决策委员会报告公司交易情况;按照决策委员会的要求上报交易日志;在授权范围内,处理风险事件;协调部门整体运行,密切联系公司,关注市场宏观动态等。

风控员主要负责监控交易过程中的操作风险及资金风险,及时修正或上报交易过程中发现的风险;核实交易员交易指令是否按照投资方案进行操作;发现不符合投资方案设计的交易及时提醒交易员并上报风控委员会;发现一类风险时,在授权范围内首先采取处理措施,并及时通知交易部负责人及交易员,随后提交书面文档,并提出方案修改建议;对交易中发现的违规事件立即上报交易部负责人及风控委员会,并提出风险处理意见;发现交易中的错单事件立即按照交易方案进行修改,随后尽快报交易部负责人,并提出风险处置意见;风控员负责止损操作;随时关注交易头寸资金变动,熟练掌握交易规则,确保资金满足交易所经纪公司资金的要求;每月向交易部负责人提交资金管理及风控报告等。

信息员主要负责每天收集并汇总供应、生产、仓库及销售各方面的信息,并结合期货公司提供的宏观经济分析和白银基本面信息研究,提供给方案设计人员为方案设计提供参考;建立公司信息管理体系,设定信息收集与传递流程、按设计人员要求提供数据分析结果等。

方案设计人员根据决策委员会的整体规划,组织拟定交易投资方案并提交小组负责人初步审核;根据决策委员会对投资方案的意见进行修改,完善操作方案；根据市场行情变化，及时提出投资交易的修正方案；监督交易员在具体操作中对方案的执行情况，及时提示操作上的风险。根据交易管理办法中的规定，实施交易过程中动态风险监控；负责与经纪公司签订合同，协商处理与经纪公司的交易、交割、质押与结算事宜，与经纪公司协同进行方案设计，并根据交易方案与行情走势进行价格分析，共同完成交易评估与方案修正；密切关注市场及经纪公司政策、规则的变化，及时与经纪公司沟通与交流，以提出应对策略等。

交易员主要负责执行方案设计人员下达的交易指令；每日向期货部负责人汇报期货交易情况；接受方案设计人员及决策委员会的风险监控与监督，每日按照决策委员会的要求向交易部负责人上报交易日志；对于发生重大亏损、浮亏超过止损限额、被强行平仓或错单等事项，在事发当时先口头汇报后，当日以书面形式报告交易部负责人等。

（三）资金委员会

资金委员会负责人可由企业分管财务的领导担任，成员主要由公司财务部人员组成。其主要职责为：负责交易中资金调拨与结算，依据交易投资方案，执行决策委员会审核同意签字后的资金调拨通知单，按申请的金额及时调拨资金；每日对交易账户的交易盈亏进行计算，与交易所经纪公司的结算单据核对一致，保证资金满足交易需要；收到结算单据，按照相应的企业会计处理方法，及时准确对相关业务进行账务处理；分别核算期、现盈亏情况，形成报表并向决策委员会报告；从资金占用方面，核实交易投资方案确定头寸的方向、数量等信息与交易记录情况是否一致，发现问题及时上报决策委员会；负责公司参与交易的相关凭证的管理。

企业在设置合理的组织架构、明确各部门和工作人员的职责之后，需设计严谨规范的交易流程，以便为白银套期保值风险管理提供流程保障。

决策委员会负责规范企业的白银交易管理，制定相关流程，具体包括：设金融衍生品交易风控人员，负责对交易中执行风险和资金风险的监控；实行金融衍生品交易日常报告制度，定期报告制度和风险交易报告制度；通过完善合理的流程促进交易，规避交易风险。

完整的交易流程见图 6-2。

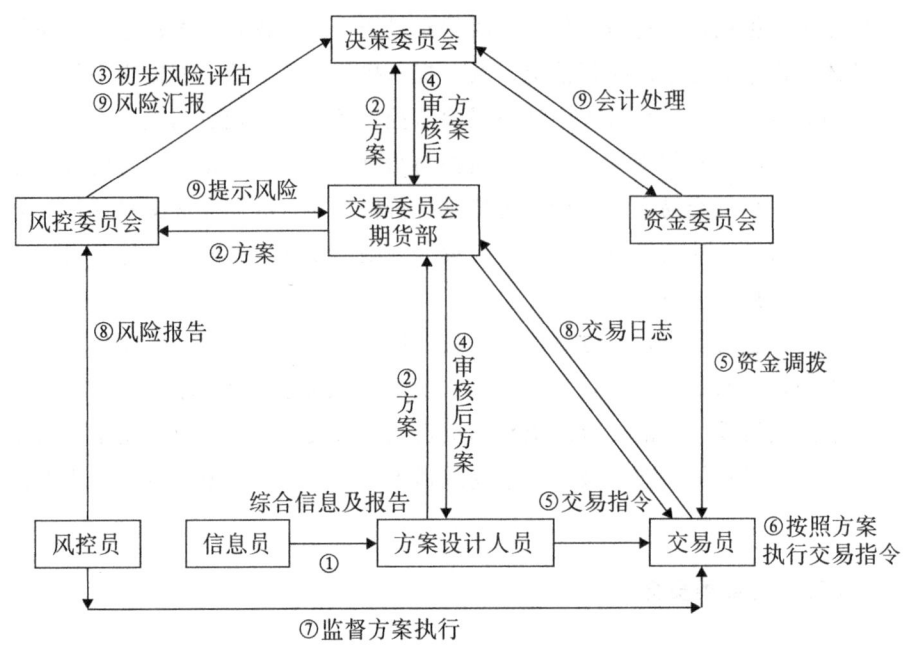

图 6-2 交易流程图

图表处理：招金期货贵金属研究院。

1. 方案设计人员根据决策委员会提出的期货交易规划，结合自身采购计划和信息员提供的研究报告，制定期货交易投资方案，提交期货部负责人初步审核。

2. 期货部负责人将初步审核的投资方案提交决策委员会审核，风控成员对方案存在的潜在风险进行初步评估。

3. 决策委员会审议通过后，向资金委员会下发资金调拨指令，同时将审核后方案交由期货部，期货部负责人将审核后的方案返回给方案设计人员、交易员、风控员。

4. 资金委员会根据决策委员会的审批方案，调拨资金，并通知交易员与方案设计人员。

5. 交易员根据方案设计人员下达的交易指令，在允许的时间和空间内，选择合适时机向期货公司下达指令交易，执行方案。

6. 风控员及时核查交易员交易行为是否与投资方案一致，如有不一致行为,及时上报期货部负责人及风控委员会。

7. 资金委员会收到经纪公司发来的账单后,首先核实无误,然后经交易员、期货部负责人以及风控委员会签字确认后,结转期货盈亏,结合现货销售情况,进行财务处理;若不一致,则需同交易员一起核查原因;若发生错单情况,则按照交易错单处理程序处理,若为期货公司原因,则由结算员协同营销中心与期货公司进行交涉并调查处理。

8. 期货交易方案执行期结束,期货部负责人应将方案的执行结果报告给决策委员会。

9. 决策委员会在期货交易结束后进行交易效果评估和风险评估。

10. 方案执行过程中,信息员应每日提供最新信息给方案设计人员,方案设计人员根据每日信息及供销的变动等,适时进行方案补充与修正。

企业制度和工作流程设计的再完美,缺乏合适的人员执行也将不会对套期保值产生良好效果,因此,白银企业在金融衍生品交易、技术分析、市场操控等方面还需要加强对人才的培养和关注。首先,应在企业高层的支持下,招聘和培养具有一定工作经验、能力的专业人才,充实到参与金融衍生品交易的相关岗位。其次,白银企业还要注重对后备人才的培养和储备,加强白银交易人员在市场管理、风险控制与分析等方面的学习,不断提高风险控制管理水平。第三,加强各岗位人员的职业道德素养培训,提高综合素质。

 五、白银产业链各企业风险点有哪些?

(一)上游矿山型企业风险点

白银生产企业面临的价格风险是生产经营中一个相对薄弱的环节,白银价格下跌是矿山资源型银企利润下降的重要原因,而风险意识不强,风险管理工作薄弱,是产银企业发生重大风险的重要原因之一。开展风险管理是产银企业持续、健康、稳定发展的需要。

(二) 中游精炼企业风险点

精炼企业收购原料之后,将面临着银价下跌的风险。企业用现金购买的这部分银矿粉或者粗银原料,多是基于对白银价格趋势的判断逢低买入为主,如果买入之后白银价格上涨,那么企业赚取相应的投机利润,如果白银价格继续下跌,那么企业的头寸将会完全暴露在市场之中而承担贬值损失并吞噬加工利润所带来亏损的风险。因此,此种采购模式成败与否的关键是企业对白银趋势性走势判断的准确与否。

精炼企业面临的是库存贬值的风险。企业自有矿粉和自有库存白银由于不涉及采购问题,在白银上涨行情中能够赚取投机利润,但在白银大幅下跌的背景下,依然存在大幅缩水的风险。

(三) 下游消费企业风险点

1. 采购环节。用银企业如工业应用、首饰制作等作为专业的白银加工类企业,其基于对趋势性判断进行原料的采购,采购时机的把握是整个交易的关键。例如通过上海黄金交易所采购,当预期白银价格将上涨时进行采购,预期银价将大涨时则大量采购,预期银价处于高位时消耗库存,或者少采购以维持正常的加工,当白银价格处于低位时逢低买入补充当天库存消耗量。由于每天都有现货销售,同时企业要维持日常的生产经营,所以一般每天都有采购。买入的方式一般是购进现货或构建白银 T+D 虚拟库存为主,这种采购模式的风险点是,当白银步入熊市,形成连续的下跌趋势时,企业的平均采购成本会高于市场价格,导致成本倒挂,而且买进现货价格下跌和白银 T+D 有递延费支付方向不定的风险,因此下游用银企业在银价步入连续下跌的过程中会导致亏损。

2. 库存环节。用银企业有正常库存,如果在白银价格上涨期间采购量过大,并且企业没有做套保,导致银价下降时库存白银被套,白银库存面临贬值压力。另外,当白银处于牛市时,存在采购成本持续上升的问题。

六、什么是企业的风险敞口？

所谓风险敞口，是指暴露在外未加保护的，会对企业的经营产生消极影响的风险。有些人以为亏钱就是风险，赚钱就是没有风险。实际上风险的真正含义并非如此，风险是一种不确定性，即不确定盈和亏。风险的不确定性包括两个方面，一方面是不确定什么时候发生，另一方面不确定影响程度有多大。

企业的风险敞口有两种类型：单项敞口与双向敞口。单项敞口是指，企业的原材料和产品中，只有一方面临较大的价格变动风险，而另一方面的价格较为确定。双向敞口则是指，原材料和产品都面临较大的价格波动风险。单项敞口又可以根据是原材料价格风险较大还是产品价格风险较大分为上游敞口下游闭口（原材料价格风险较大，产品价格比较稳定）和上游闭口和下游敞口（原材料价格比较稳定，产品价格波动较大）两种类型。

白银企业生产经营需要对风险敞口进行识别，企业的风险敞口由企业的类型决定，从整个白银产业链的角度看，企业可以分为生产型、贸易型、加工型、消费型等基本形式。

生产型企业一般拥有生产所需的原料，在整个行业链中，负责原材料的生产，上游风险较小，主要风险点在于产品跌价，属于单项敞口的上游闭口、下游敞口型企业。例如铜矿企业担心铜跌价，铁矿企业担心铁矿石跌价。

贸易型企业和加工型企业类似，处于产业链的中游，既担心涨价，又担心跌价。采购货物时，担心价格上涨，导致采购成本上升；出售货物时，又担心价格下降，导致销售利润减少。然而，采购货物时，货物持续跌价，企业也不敢买，担心买了以后价格继续下跌。因此，贸易型企业上下游都有风险，属于双向敞口型企业。

消费型企业的风险一般情况下存在于采购成本环节，因此，其属于下游闭口、上游敞口型企业。

在确定企业类型以及风险敞口后，对于上游闭口、下游敞口的企业，应采取卖出对冲的操作方式；对于上游敞口、下游闭口的企业，应进行买入对冲；而双向敞口的企业，则应针对不同的时间窗口采取不同的对冲方式，这种企业往往既需要买入对冲也需要卖出对冲。企业进行风险对冲时，应对风险敞口进行衡量，通过对企业经营过程中风险点的分析，可以明确企业的风险敞口，并由此确定对冲的基本方向和保值目标。如果风险对经营和预算影响不大，风险在企业可承受范围之内，不一定需要对冲；如果可能导致企业严重亏损甚至危及生死存亡，则是无法承受的风险，应该寻求风险对冲规避相关风险。

七、白银矿山型企业如何进行风险对冲？

白银矿山型企业主要包括矿山、自有矿山冶炼厂或按长协价采购原料的冶炼企业。其主要特征是原料成本或采购成本相对固定，主要是产成品白银价格波动较大。因此，相关企业利润主要取决于卖出的银锭价格的高低，白银价格大幅波动意味着企业利润也会随着上下巨幅波动，极端情况下是获取巨大超额利润或面临巨大亏损。通过套期保值尽量将银锭销售价格锁在较高位或者避免银锭价格跌破成本是企业参与套期保值的重要目的。虽然不同类型的产银企业在做卖出套期保值时实际操作略有不同，但主导策略是一致的，均是选定时期对预计产量做卖出套保，在商品售出或签订了确定价格的合同后将期货平仓。

矿山型企业是上游闭口、下游敞口的涉白银企业，我们举例说明对冲过程。

案例 6-1

白银矿山型企业风险对冲

2013年白银价格一路下跌，转入熊市，某白银生产企业根据以往生产经营状况和套期保值经验继续在白银期货市场进行风险对冲以确保企业正常盈利目标。该企业的基本情况：拥有自有金银伴生矿山，每月生产银锭5吨左右。白银价格从2013年下滑之后，企业预计2014年银价难有良好表现，并在2014年初制定对冲计划。

（1）分析企业风险敞口：企业全年预计生产白银60吨，周期性库存每月约1.5吨，白银价格下跌将使企业面临销售利润下降和库存贬值风险。

（2）确定保值比例：企业采取动态保值，根据白银行情分析及企业生产经营计划确定。

（3）保值方向：卖出保值。

（4）建仓合约：AG1406、1412主力合约。

（5）资金需求及配置情况。

根据白银行情趋势分析，白银保值总资金需求及配置情况见表6-1。

表6-1　　　　　　　　资金需求及配置计划

预计2014年销售均价	4 000	元/千克
每月风险敞口（月产+库存）	6 500	千克
每月现货保值价值	2 600万	元
期货保证金比例（交易所最低保证金比例7%+期货公司加收3%）	10%	
每月期货持仓保证金	260万	元
每月资金准备	300万	元

表格处理：招金期货贵金属研究院。

（6）卖出保值方案的具体实施见表6-2。

表6-2　　　　　　　　　　　　卖方保值方案

每月风险敞口（月产＋库存）	6 500	千克
保值比例	约80%	
保值量	5 000	千克

表格处理：招金期货贵金属研究院。

（7）对冲过程见表6-3。

表6-3　　　　　　　　　　　　对冲过程

时间	现货市场	期货市场
时间	目标销售价：4 350元/千克 计划销售量：5 000千克	月份期货合约卖出价：4 390元/千克 合约数量：5 000千克（333手）
第一周	实际销售量：1 500千克 平均销售价：4 140元/千克 销售亏损：315 000元	月份合约买入平仓1 500千克（100手） 平仓价：4 160元/千克 平仓盈利：345 000元
第二周	实际销售量：1 500千克 平均销售价：4 200元/千克 销售亏损：225 000	月份合约买入平仓1 500千克（100手） 平仓价：4 235元/千克 平仓盈利：232 500元
第三周	实际销售量：1 000千克 平均销售价：4 030元/千克 销售亏损：320 000	月份合约买入平仓1 000千克（66手） 平仓价：4 010元/千克 平仓盈利：380 000元
第四周	实际销售量：1 000千克 平均销售价：4 095元/千克 销售亏损：255 000	月份合约买入平仓1 000千克（67手） 平仓价：4 072元/千克 平仓盈利：318 000万元
累计	累计销售5 000千克 累计销售亏损1 115 000元	累计平仓5 000千克 累计平仓盈利1 275 500元
	合计盈利160 500元	

表格处理：招金期货贵金属研究院。

（8）对冲效果见表6-4。

表 6-4　　　　　　　　　　对 冲 效 果

时间	折合售价（元/千克）	销售量（千克）
第一周	4 140 + 345 000/1 500 = 4 370	1 500
第二周	4 200 + 232 500/1 500 = 4 355	1 500
第三周	4 030 + 380 000/1 000 = 4 410	1 000
第四周	4 095 + 318 000/1 000 = 4 413	1 000
加权均价	4 370 × 1 500/5 000 + 4 355 × 1 500/5 000 + 4 410 × 1 000/5 000 + 4 413 × 1 000/5 000 = 4 382.1	

表格处理：招金期货贵金属研究院。

从以上结果来看，白银矿山企业通过对冲多实现盈利约 16 万元，该企业实际的销售价格约为 4 382 元/千克，如果不通过套期保值，实际的销售价格将是 4 127 元/千克。结果表明，该企业通过在期货市场上进行卖出保值，有效规避了白银价格下跌带来的经营风险，提高了销售价格，稳定了企业的经营利润。

 八、白银产业链下游终端消费类企业如何进行风险对冲？

在白银产业链中位居下游的企业为白银深加工企业，通常包括工业应用领域的银基触头生产企业、摄影行业中卤化银生产企业、珠宝首饰销售企业及银币银章制造企业。白银深加工企业由于生产用银，担心白银价格上涨而引起采购成本过高，所做的通常是买入套期保值。

白银消费类企业是上游敞口、下游闭口，以银基触头生产企业为例。

案例 6-2

银基触头生产企业套期保值策略

某企业的基本情况:每月用银锭 500 千克左右,为规避价格上行风险,采取套期保值策略。

(1) 分析企业风险敞口:企业全年预计采购白银 6 吨,白银价格上涨将使企业面临生产成本增加风险。

(2) 确定保值比例:企业采取动态保值,根据白银行情分析及企业生产经营计划确定。

(3) 保值方向:买入保值。

(4) 建仓合约:AG1406、1412 主力合约。

(5) 资金需求及配置情况。

根据白银行情趋势分析,白银保值总资金需求及配置情况见表 6-5。

表 6-5　　　　　　　　资金需求及配置计划

预计 2014 年采购均价	4 000	元/千克
每月风险敞口(原料需求)	500	千克
每月保值价值	200 万	元
期货保证金比例(交易所最低保证金比例 7% + 期货公司加收 3%)	10%	
每月期货持仓保证金	20 万	元
每月资金准备	30 万	元

表格处理:招金期货贵金属研究院。

(6) 买入保值方案的具体实施见表 6-6。

表 6-6　　　　　　　　买入保值方案

每月风险敞口	500	千克
保值比例	100%	
保值量	500	千克

表格处理:招金期货贵金属研究院。

（7）对冲过程见表6-7。

表6-7　　　　　　　　　　　对冲过程

时间	现货市场	期货市场
	目标白银采购价：4 080 元/千克 计划采购量：500 千克	月份期货合约买入价 4 060 元/千克 合约数量 500 千克（33 手）
第一周	实际白银采购量：150 千克 平均白银采购价：4 090 元/千克 采购亏损：1 500 元	月份合约卖出平仓 150 千克（10 手） 平仓价：4 110 元/千克 平仓盈利：7 500 元
第二周	实际白银采购量：150 千克 平均白银采购价：4 120 元/千克 采购亏损：6 000 元	月份合约卖出平仓 150 千克（10 手） 平仓价：4 130 元/千克 平仓盈利：10 500 元
第三周	实际白银采购量：100 千克 平均白银采购价：4 070 元/千克 采购盈利：1 000 元	月份合约卖出平仓 100 千克（6 手） 平仓价：4 040 元/千克 平仓亏损：2 000 元
第四周	实际白银采购量：100 千克 平均白银采购价：4 110 元/千克 采购亏损：3 000 元	月份合约卖出平仓 100 千克（7 手） 平仓价：4 120 元/千克 平仓盈利：6 000 元
累计	累计白银采购量 500 千克 累计白银采购亏损 10 500 元	累计平仓 500 千克 累计平仓盈利 22 000 元
	合计盈利：11 500 元	

表格处理：招金期货贵金属研究院。

（8）对冲效果见表6-8。

表6-8　　　　　　　　　　　对冲效果

时间	折合采购价（元/千克）	采购量（千克）
第一周	4 090 - 7 500/150 = 4 040	150
第二周	4 120 - 10 500/150 = 4 050	150
第三周	4 070 + 2 000/100 = 4 090	100
第四周	4 110 - 6 000/100 = 4 050	100
加权平均	4 055	500

表格处理：招金期货贵金属研究院。

本例中的对冲操作过程,是根据白银产业链下游消费企业的最终产品销售按照合同订立价格执行的,因此企业的产品销售价格基本确定,企业需要锁定的是白银的采购成本,然后将目标利润锁定。在对冲实际过程中,如果企业能够对白银价格走势通过基本面和技术面的结合进行分析预判,确定有利的保值建仓时间和价格,可以极大程度地提高对冲效果。

 九、白银冶炼、精炼及贸易类企业如何进行风险对冲?

白银中游产业是以现货价格外购原料进行冶炼、精炼的企业以及白银贸易类企业为主。其主要特征是原料和产品价格都随白银价格波动。这些企业赚取的核心利润是稳定的加工费或贸易价差,但如果原料或成品采购定价或与成品销售定价在时间、价格基准与定价方式上不一致,那么就会产生额外的盈利或损失,这样企业就不能赚取稳定的加工费或贸易差额,一旦朝不利方向变化幅度过大,企业将面临亏损风险。这些类型的企业套期保值操作,通常是对将采购或已有的原料与销售相结合进行套期保值。

上游白银矿山型企业和下游白银消费型企业位于白银产业链两端,所需做的套期保值类型相对较为单一,而作为产业链中游的白银精炼、冶炼企业以及贸易类企业,是上游敞口、下游敞口的涉白银企业,一方面采购或原料部门需要做买入套保,另一方面销售部门需要做相应的卖出套保。白银冶炼型企业对冲有三种办法,其中,最为保守的办法是将采购与生产两部门独立做套保,由采购部门依据生产计划对银精矿做买入套保,由生产部门依据生产销售情况做卖出套保,两部门之间业务不交合。保守的套保方法安全,但也会带来较多的人力成本和资金成本。相对稳健的套保方法是企业成立对冲保值小组,同时对银精矿和成品银做套保,企业在建立新的期货头寸时可以直接在原来仓位的基础上平仓,不足部分可开新仓,当精炼公司购入原材料或确定成品银销售价格后,亦从当前期货账户持有的仓位中抵消。稳健的套保方法不仅安全，还可降低人力成本与资金成本，比较适合精炼企业。白银精炼企业的套期保值也有一种比较激进的办法，即计算银精矿与成本银之间价格的联动指数，通过联动指数将采购和销售的风险敞口进行一定的对冲，仅对对冲后的差额部分进行套期保值。激进型套期保值方法最大的好处在于可大大减少资金的占用，但由于联动指数具有较大的标准差，对冲后的风险敞口往往不是很准确，给企业带来风险。

对于上游敞口、下游敞口的涉白银企业对冲保值，我们举例说明。

案例 6-3

白银中游产业的套期保值

假设某企业为白银贸易加工商，本月计划采购9吨粗银锭并生产4.5吨纯白银。由于担心白银价格波动使库存面临风险，企业采用均价原则对冲风险进行套期保值，即通过套期保值，使银锭采购成本尽量低于市场平均价，使白银销售价格尽量高于市场平均价，以保证企业的正常经营利润。

（1）分析企业风险敞口：该企业为白银贸易型企业，采购货物时，担心价格上涨，导致采购成本上升；出售货物时，又担心价格下降，导致销售利润减少。因此，白银贸易型企业上下游都有风险，其风险属于双向敞口的类型。在实务操作中，企业将原材料采购与产品销售分别核算。

（2）确定保值比例：企业采取动态保值，根据白银行情分析及企业生产经营计划确定。

（3）保值方向：原材料采购采用买入套保，产品销售采用卖出保值。

（4）建仓合约：AG1406、1412 主力合约。

（5）资金需求及配置情况。

根据白银行情趋势分析，白银保值总资金需求及配置情况见表6-9和表6-10。

表6-9　　　　　　　　原材料采购资金需求及配置计划

预计2014年采购均价	3 000	元/千克
每月风险敞口（月进）	9 000	千克
每月现货保值价值	2 700万	元
期货保证金比例（交易所最低保证金比例7%+期货公司加收3%）	10%	
每月期货持仓保证金	216万	元
每月资金准备	300万	元

表格处理：招金期货贵金属研究院。

注：假设银锭含银量80%，即对100千克银锭进行套期保值相当于对80千克白银进行套期保值。

表6-10　　　　　　　产品销售资金需求及配置计划

预计2014年销售均价	4 000	元/千克
每月风险敞口（月产）	4 500	千克
每月现货保值价值	1 800万	元
期货保证金比例（交易所最低保证金比例7%+期货公司加收3%）	10%	
每月期货持仓保证金	180万	元
每月资金准备	250万	元

表格处理：招金期货贵金属研究院。

(6) 对冲计划及对冲过程见表6-11和表6-12。

表6-11　　　　　　　买入保值方案的具体实施

每月风险敞口（月进）	9 000	千克
保值比例	100%	
保值量	9 000	千克

假设银锭含银量80%，则对9 000千克银锭进行套期保值即对7 200千克白银予以保值

续表

时间	现货市场	期货市场
时间	目标采购价：3 000 元/千克 计划采购量：9 000 千克	月份期货合约买入价 3 900 元/千克 合约数量 7 200 千克（480 手）
第一周	实际采购量：2 700 千克 平均采购价：3 100 元/千克 采购亏损：270 000 元	月份合约卖出平仓 2 160 千克（144 手） 平仓价：4 030 元/千克 平仓盈利：280 800 元
第二周	实际采购量：2 400 千克 平均采购价：3 200 元/千克 采购亏损：480 000 元	月份合约卖出平仓 1 920 千克（128 手） 平仓价：4 160 元/千克 平仓盈利：499 200 元
第三周	实际采购量：2 100 千克 平均采购价：3 250 元/千克 采购亏损：525 000 元	月份合约卖出平仓 1 680 千克（112 手） 平仓价：4 230 元/千克 平仓盈利：554 400 元
第四周	实际采购量：1 800 千克 平均采购价：3 150 元/千克 采购亏损：270 000 元	月份合约卖出平仓 1 440 千克（96 手） 平仓价：4 110 元/千克 平仓盈利：302 400 元
累计	累计采购 9 000 千克 累计采购亏损 1 545 000 元	累计平仓 7 200 千克 累计平仓盈利 1 636 800 元
	合计盈利 91 800 元	

表格处理：招金期货贵金属研究院。

表 6-12　　　　　　　卖出保值方案的具体实施

每月风险敞口（月产）	4 500	千克
保值比例：	100%	
保值量：	4 500	千克

时间	现货市场	期货市场
时间	目标销售价：4 000 元/千克 计划销售量：4 500 千克	月份期货合约卖出价 4 100 元/千克 合约数量 4 500 千克（300 手）

续表

第一周	实际销售量：1 500 千克 平均销售价：3 950 元/千克 销售亏损：75 000 元	月份合约买入平仓 1 500 千克（100 手） 平仓价：4 030 元/千克 平仓盈利：105 000 元
第二周	实际销售量：1 000 千克 平均销售价：4 040 元/千克 销售盈利：40 000 元	月份合约买入平仓 1 000 千克（67 手） 平仓价：4 160 元/千克 平仓亏损：60 000 元
第三周	实际销售量：1 000 千克 平均销售价：4 090 元/千克 销售盈利：90 000 元	月份合约买入平仓 1 000 千克（66 手） 平仓价：4 230 元/千克 平仓亏损：130 000 元
第四周	实际销售量：1 000 千克 平均销售价：4 000 元/千克 销售亏损：0 元	月份合约买入平仓 1 000 千克（67 手） 平仓价：4 110 元/千克 平仓亏损：10 000 元
累计	累计销售 4 500 千克 累计销售盈利 55 000 元	累计平仓 4 500 千克 累计平仓亏损 95 000 元
	合计亏损 40 000 元	

表格处理：招金期货贵金属研究院。

（7）原料采购端、产品销售端对冲效果见表 6-13 和表 6-14。

表 6-13　　　　　　原料采购端对冲效果

时间	折合价格（元/千克）	采购量（千克）
第一周	3 100 - 208 000/2 700 = 3 023	2 700
第二周	3 200 - 499 200/2 400 = 2 992	2 400
第三周	3 250 - 554 400/2 100 = 2 986	2 100
第四周	3 150 - 302 400/1 800 = 2 982	1 800
加权均价	3 023 × 2 700/9 000 + 2 992 × 2 400/9 000 + 2 986 × 2 100/9 000 + 2 982 × 1 800/9 000 = 2 997.9	

表格处理：招金期货贵金属研究院。

表 6-14　　　　　　　　　产品销售端对冲效果

时间	折合售价（元/千克）	销售量（千克）
第一周	3 950 + 105 000/1 500 = 4 020	1 500
第二周	4 040 - 60 000/1 000 = 3 980	1 000
第三周	4 090 - 130 000/1 000 = 3 960	1 000
第四周	4 000 - 10 000/1 000 = 3 990	1 000
加权均价	4 020 × 1 500/4 500 + 3 980 × 1 000/4 500 + 3 960 × 1 000/4 500 + 3 990 × 1 000/4 500 = 3 991.1	

表格处理：招金期货贵金属研究院。

十、白银企业对冲过程中面临的风险有哪些？

套期保值是一种有效的风险管理手段，但企业在利用套期保值管理风险的同时，也在不知不觉中引入了新的风险，这就是我们所说的"套期保值也是有风险的"。其中，最为常见的风险是基差风险，其他风险包括财务风险、流动性风险、交割风险、投机风险、操作风险等。

（一）基差风险

很多人认为，企业只要严格按照"月份相同（相近）、种类相同、数量相等、方向相反"四个基本原则进行套期保值就能规避价格波动风险，其实，这仅仅是一种理想状态。期货套期保值得以实现的理论基础在于：期货合约到期时期货价格与现货价格相同或趋于一致，期货与现货之间的盈亏正好相抵，这种对冲机制化解了风险。但是，期货价格与现货价格总会存在一定程度的背离，也就是期现之间总会存在基差，只不过基差大小不同而已。如果期货价格与现货价格背离严重，套期保值的理论基础就不存在了，在此基础上设计的套期保值方案也就规避不了价格波动风险，这就是套期保值固有的基差风险。一般情况下,企业根据生产计划所设计的套期保值方案,会跨越多个不同期限的合约,要完成与现货相对应的套期保值必须进行多次期货头寸移仓。在基差绝对值比较小的情况下,保值头寸不断移仓的收益或损失比较小,此时基差对套期保值的影响不大。但当基差出现异常情况时,对套期保值影响程度比较大,而且保值时间越长,影响程度越大。

(二) 财务风险

企业进行套期保值时,要根据采购数量或产品销售数量计算最优套期保值头寸,当生产经营规模较大时,期货头寸数量也较大,而且由于生产经营的连续性,头寸持有的时间也相对较长,即使套期保值方向正确,也容易产生财务风险。

一是保证金不足的风险。在保值期内期货价格可能会出现短暂的剧烈波动,如2013年4月12日、13日伦敦现货白银暴跌17.5%,在这种极端行情下,如果企业进行买入套期保值将面临巨大的风险,对于进行境外套期保值的企业,更可能面临外汇调拨困难,不得不出现被迫砍仓的风险。

二是在某些情况下需要追加保证金或者套期保值头寸暂时出现亏损,面临股东的压力,特别是对于一些上市公司套期保值周期没有结束,但又临近报表公布日期,企业往往被迫对期货头寸平仓。

(三) 流动性风险

对企业来讲,一般根据全年的原材料采购计划或者产品销售计划制定套期保值方案,现货采购或销售均衡的,企业必须在与此相对应的期货合约月份进行操作。但是,期货市场的不同合约之间,活跃程度不同,其流动性也不同,如果相对应的期货合约流动性差,企业只能选择比较接近的合约进行替代,到期时进行移仓。如果不同月份之间基差比较小,则对保值效果影响不大,如果基差出现异常,则会严重影响套期保值效果。

(四) 交割风险

虽然期货交易中交割仅仅占总量的5%以下,而且套期保值也并不一定进行交割了结,但是作为现货企业,在期货市场采购原料或者销售产品价格有利可图时,实物交割也是企业在套期保值中经常会遇到的问题。现货交割环节较多,程序复杂,处理不好就会影响套期保值效果。交割风险主要来自以下几个方面:交割商品是否符合交易所规定的质量标准,特别是对于有质量期限或容易发生质量变化的商品,经常会面临交割质量不符的风险;交货的运输环节较多,在交货时间上能否保证;在交货环节中成本的控制是否到位;交割库是否会因库容原因导致无法入库;替代品种升贴水问题;交割中存在增值税问题等。

(五)投机风险

期货套期保值与投机在交易上并没有本质的区别,期货投机有时能够给企业带来巨额的利润,使得企业经常放弃套期保值的宗旨,或者并不严格执行套期保值方案,导致期货操作名为套期保值,实为投机,在市场方向发生变化或判断失误时给企业带来损失。期货交易总量应与其同期的现货交易总量相适应,也就是说企业对套期保值头寸数量应作出限制,以不超过现货商品规模为限。一些企业初期进入期货市场的目的是为了套期保值,但由于后来对头寸未能进行有效控制,超出其生产或加工的规模,导致套期保值转为了期货投机,最终损失惨重。

(六)操作风险

操作风险是由于信息系统、报告系统、内部风险控制系统失灵而导致的风险。套期保值管理层在缺少有效的风险追踪、风险报告系统的前提下,超过了风险限额而未经察觉,没有采取及时有针对性的行动,最终产生了巨额损失。操作风险产生于两个不同的层次:(1)技术层面,主要是指信息系统,风险测量系统的不完善,技术人员的违规操作。(2)组织层面,主要是指风险报告和监控系统出现疏漏,以及相关的法律法规不完备。

总之,企业套期保值犹如一把双刃剑,能化解市场风险,本身也能产生风险,关键是要看企业如何使用这把利剑。

> **延伸阅读**

企业在白银套期保值过程中常见的误区

白银企业进行套期保值能够规避市场风险,稳定生产和经营,锁定利润,但期货市场是一个专业性非常强的市场,套期保值从原理上来看虽然比较简单,但由于市场本身的复杂性、基差变化的不确定性、操作人员水平和市场认知差异等一系列因素,国内企业开展保值交易的最终结果也大相径庭。事实上,企业在从事套期保值时,存在着一些认识上的误区,这些误区影响了套期保值的效果,或直接导致了套期保值的失败。

1. 期货市场上亏损等于套期保值失败吗?

一些企业把套期保值成败归于期货市场盈利与否。当期货市场有了盈利,企业就认为套期保值成功了;而出现亏损时,往往觉得套期保值失败,认为如果不套期保值的话,企业本可以有更多的盈利,套期保值减少了企业利润。

企业进入期货市场开展套期保值,其目的是为了回避市场价格波动的风险,锁住生产成本和产品利润,用一个市场的盈利来对冲另一个市场的风险,以实现效益的平稳增长。评价套期保值成功与否不能简单地看一个市场的盈亏,应当把期货和现货两市场结合起来分析。作为生产型企业,虽然期货市场部分空头头寸亏损,但是现货上的盈利可以弥补这部分亏损,就实现了企业规避价格风险,锁定成本利润的目的。

2. 套期保值可以对冲所有风险吗?

企业在期货市场上做了相应的套期保值并不等于消除了风险,而只是降低了风险。套期保值的原理是利用期货现货两个市场盈亏相抵对冲风险,然而由于基差等因素的存在,不可能有完全理想的套期保值方案,企业只能利用经验和专业来取得相对理想的套期保值效果。在某些特殊情况下,市场会出现对套期保值不利的异常情况,导致套期保值基差持续大幅度扩大或缩小,使套期保值组合出现越来越大的亏损,如果不及时止损,将对套期保值者造成巨大的亏损。

3. 在期货市场上建立头寸即是套期保值吗?

所谓套期保值,是指为了避免现货市场上的价格风险而在期货市场上采取与现货市场上方向相反的买卖行为,即对同一种商品在现货市场上卖出,同时在期货市场上买进;或者相反。现货企业可以根据生产计划、采购数量、库存状况、产品销售计划以及企业成本核算,对企业不可承担的价格风险进行套期保值,并以现货为基础确定套期保值头寸的大小、套期保值期限的长短、套期保值合约的选择等,而不是仅仅在期货市场上对相关的商品合约建立头寸。不符合套期保值原则建立的期货头寸仅仅是投机,不仅不能够消除价格风险,还会加大企业风险。如某用银企业认为银价将下跌,于是在期货市场卖出银合约,然而银价不降反升,企业在期货市场出现损失,而在现货市场由于银价也随之上涨,企业原材料采购成本上涨,企业在期货市场和现货市场出现了双重的亏损。

4. 相机选择进行套期保值可行吗?

有企业说,"我们有时根本不做套期保值,而有时却通过套期保值对冲我们所有头寸的风险,我们是相机而动进行套期保值。"这一做法将投机与风险控制方法混为一谈,并不是一个有效的风险管理策略——纵然是最优秀的交易员也可能看错市场方向。套期保值操作不能朝三暮四,它应该贯穿于企业管理过程的一朝一夕。举例来说,2011年初,许多银矿公司认为国际银价将很快升至50美元/盎司上方,不需要进行套期保值,或者降低套期保值比例。随后国际银价大幅下跌,很多企业不甘心在利润缩水后建仓,从而引发了大规模的利润下滑,甚至有些企业在2013年进入破产程序。

5. 在套期保值的基础上进行投机可以吗?

企业参与套期保值主要是为了规避风险,一般来说,成本水平和利润水平决定企业的套期保值方案,而成本水平和利润水平又是变动的,要求参与者及时评估。买入保值就看参与者的原材料买入价是否低于市场平均价,卖出保值就看参与者的商品卖出价是否高于市场平均价,以此为标准参与期市就可在行业中有竞争优势。但在实际中,一些参与企业不是根据企业的生产、销售计划决定是否需要保值,而是仅仅关注在期货市场的盈亏,从而将套期保值转为投机。这种情况下套期保值不但没有降低企业面临的风险,反而加剧了企业的风险。

6. 套期保值的成本会加大企业负担吗?

或许有的企业会说说,"套保的成本太高了,人工成本和系统成本都是一笔不小的开支。我们还是把所有的精力都集中在我们的主业上吧。"不错,企业在进入期货市场进行套期保值时,会有一些固定的费用,主要是交易手续费和交割费,但这与企业的套保量及收益相比是很少的费用,应该正确对待,不要因小失大。要知道,套保不但规避了价格风险,还提高了企业资金的使用效率。

十一、如何评估套期保值效果?

企业进入期市进行保值的目标就是控制成本,锁定利润。利用期现两个市场进行套保,最终的结果是一个市场盈利,另一个市场亏损,两个市场加起来进行中和。在评估套期保值效果时,不能从现货或者期货单方面的盈亏去进行评估,而是要从两个市场进行综合评估。

(一) 套期保值效果评估需要遵循的原则

1. 均价原则。均价原则是衡量套期保值效果的标尺,是期货市场套期保值业务效果评价体系的核心内容。也就是说,无论市场行情如何振荡,企业并不应该追求以市场价格的峰值买入原材料或出售产品,只要当期货市场价格高于原材料采购或产品销售的现货市场平均价格,就入市进行套期保值操作。因此,按照这一操作原则,在期货市场套期保值后,综合考虑期货和现货两个市场,只要企业原材料采购平均价格低于现货市场的年均价格,就说明企业的买入套期保值操作是成功的;只要企业产品销售平均价格高于现货市场的年均价格,就说明企业的卖出套期保值操作是成功的。

2. 期货与购销系统合并考核原则。期货市场套期保值业务应与企业原材料采购系统及产品营销系统的业绩合并考核。有的企业对现货和期货业务绩效独立考核,现货业务收益高则相关人员奖金高,期货业务收益高则相关人员奖金高,现货与期货业务相关人员没有有机的合作和配合,使企业不能科学地安排套期保值的具体操作。如果市场价格走势与初始的预期相反,不仅会影响期货市场套期保值业务操作人员的积极性,也违背了期货市场套期保值的根本原则。期货与现货业务归并于同一个营销系统,对整个营销系统进行考核,有利于现货部门和期货市场套期保值业务操作部门积极主动地沟通信息、制订方案、密切配合。

(二)套期有效性的评价方法

根据以上两条基本原则,在实际操作中常见的套期有效性评价方法主要有:主要条款比较法、比率分析法和回归分析法等。

1. 主要条款比较法。它是通过比较套期工具和被套期项目的主要条款,以确定套期是否有效的方法。如果套期工具和被套期项目的所有主要条款均能准确地匹配,可认定因被套期风险引起的套期工具和被套期项目公允价值或现金流量变动可以相互抵消。套期工具和被套期项目的主要条款包括:名义金额或本金、到期期限、内含变量、定价日期、商品数量、货币单位等。

具体而言:

名义金额或本金指的是套期工具的合约价值应该与被套期项目保值部分的公允价值尽量相近。

到期期限指的是套期工具持有的时间段尽量应该与产销计划相匹配。

内含变量指的是套期工具的合约标的尽量应该与被套期项目相同或相匹配。

定价日期指的是合约签订日期应该与期货开平仓日期相同。

商品数量指的是套期工具的合约总重量应该与被套期项目保值部分的重量尽量相同或相近。

货币单位指的是套期工具计价单位与现货计价单位应该相同。

2. 比率分析法。比率分析法是通过比较被套期风险引起的套期工具和被套期项目公允价值或现金流量变动比率,以确定套期是否有效的方法。运用比率分析法时,企业可以根据自身风险管理政策的特点选择以累积变动数(即自套期开始以来的累积变动数)为基础比较,或以单个基期变动数为基础比较。如果上述比率在 80% ~ 125% 范围内,可以认定套期是高度有效的。

案例 6-4

套期保值效果分析

某银基触头生产企业计划 3 个月后采购白银 150 千克,由于担心白银涨价,该企业风控委员会决定在当前做买入套保。此时,期货白银主力合约报价 4 000 元/千克,同等品位的现货白银报价 3 950 元/千克。3 个月后:

(1) 假设白银主力合约报价 4 310 元/千克,上涨 310 元/千克;现货白银报价 4 300 元/千克,上涨 350 元/千克。

期货累积变动数:310 元/千克 × 150 千克 = 46 500 元

现货累积变动数:350 元/千克 × 150 千克 = 52 500 元

期现变动比率 = 46 500/52 500 = 88.57% > 80%,则认为该套期保值有效。

(2) 假设白银主力合约报价 4 110 元/千克,上涨 110 元/千克;现货白银报价 4 100 元/千克,上涨 150 元/千克。

期货累积变动数:110 元/千克 × 150 千克 = 16 500 元

现货累积变动数:150 元/千克 × 150 千克 = 22 500 元

期现变动比率 = 16 500/22 500 = 73.33% < 80%,则认为该套期保值效果不够理想。

3. 回归分析法。回归分析法是在掌握一定数量观察数据基础上,利用数理统计方法建立自变量和因变量之间回归关系函数的方法。将此方法运用到套期有效性评价中,需要分析套期工具和被套其项目价值变动之间是否具有高度相关性,进而判断套期是否有效。运用回归分析法,自变量反映被套期项目公允价值变动或预计未来现金流量现值变动,因变量反映套期工具公允价值变动。

回归分析法衡量套期保值有效性遵循以下流程:

(1) 调整计价单位,使期货计价单位与现货计价单位相同。

(2) 绘制散点图。

(3) 建立一元线性回归模型:y = a + bx

(4) 计算回归系数:

$$b = (n\sum xy - \sum x \sum y)/(n\sum x^2 - (\sum x)^2) \quad a = \sum y/n - b\sum x/n$$

需要注意的是,对于大多数套期保值而言,在计价单位、标的物相同的情况下,b 值越接近于 1,表明套期保值效果越好。

十二、套期保值的会计处理原则是什么?

现货企业的财务核算依据包括 1997 年财政部颁发的《企业商品期货业务会计处理暂行规定》以及 2000 年的补充规定,2006 年《新企业会计准则》中的第 22 号金融工具确认和计量、第 23 号金融资产转移、第 24 号套期保值以及第 37 号金融工具列报。

根据我国《企业会计准则第 24 号——套期保值》规定,我国的套期会计运用的是综合套期会计方法,衍生工具作为套期工具的,按公允价值计量。

(一) 套期确认的规定

1. 在套期开始时,企业对套期关系(即套期工具和被套期项目之间的关系)有正式指定,并准备了关于套期关系、风险管理目标和套期策略的正式书面文件。该文件至少载明了套期工具、被套期项目、被套期风险的性质以及套期有效性评价方法等内容。套期必须与具体可辨认并被指定的风险有关,且最终影响企业的损益。

2. 该套期预期高度有效,且符合企业最初为该套期关系所确定的风险管理策略。

3. 对预期交易的现金流量套期,预期交易应当很可能发生,且必须使企业面临最终将影响损益的现金流量变动风险。

4. 套期有效性能够可靠地计量。

5. 企业应当持续地对套期有效性进行评价,并确保该套期在套期关系被指定的会计期间内高度有效。

（二）套期的计量

根据套期对象的不同,套期的计量可分为公允价值套期、现金流量套期、境外经济净投资套期三类。

1. 公允价值套期。公允价值套期是指对已确认资产或负债、尚未确认的确定承诺,或该资产或负债、尚未确认的确定承诺中可辨认部分的公允价值变动风险进行的套期。该类价值变动源于某类特定风险,且将影响企业的损益。

基本要求如下：

（1）套期工具为衍生工具的,公允价值变动形成的利得或损失应当计入当期损益；套期工具为非衍生工具的,账面价值因汇率变动形成的利得或损失应当计入当期损益。

（2）被套期项目因被套期风险形成的利得或损失应当计入当期损益,同时调整被套期项目的账面价值。被套期项目为按成本与可变现净值孰低进行后续计量的存货、按摊余成本进行后续计量的金融资产或可供出售金融资产的,也应当按此规定处理。

案例 6-5

公允价值套期财务处理

2014 年 1 月 1 日,某白银 ABC 公司为规避所持有白银存货公允价值变动风险,决定在期货市场上建立套期保值头寸,并指定期货合约 Y 为 2014

年上半年白银存货价格变化引起的公允价值变动风险的套期。期货合约 Y 的标的资产与被套期项目存货在数量、质次、价格变动和产地方面相同。

2014 年 1 月 1 日，期货合约 Y 的公允价值为零，被套期项目（白银存货）的账面价值和成本均为 1 000 000 元，公允价值是 1 100 000 元。2014 年 6 月 30 日，期货合约 Y 的公允价值上涨了 25 000 元，白银存货的公允价值下降了 25 000 元。当日，白银 ABC 公司将白银存货出售，并将期货合约 Y 结算。

白银 ABC 公司采用比率分析法评价套期有效性，即通过比较期货合约 Y 和白银存货的公允价值变动评价套期有效性。白银 ABC 公司预期该套期完全有效。

假定不考虑期货合约的时间价值、商品销售相关的增值税及其他因素，白银 ABC 公司的账务处理如下（金额单位：元）：

(1) 2014 年 1 月 1 日

借：被套期项目——库存商品　　　　　　　　　1 000 000
　　贷：库存商品　　　　　　　　　　　　　　　　1 000 000

(2) 2014 年 6 月 30 日

借：套期工具——期货合约　　　　　　　　　　　25 000
　　贷：套期损益　　　　　　　　　　　　　　　　　25 000

借：套期损益　　　　　　　　　　　　　　　　　25 000
　　贷：被套期项目——库存商品　　　　　　　　　　25 000

借：应收账款或银行存款　　　　　　　　　　　1 075 000
　　贷：主营业务收入　　　　　　　　　　　　　　1 075 000

借：主营业务成本　　　　　　　　　　　　　　　975 000
　　贷：被套期项目——库存商品　　　　　　　　　　975 000

借：银行存款　　　　　　　　　　　　　　　　　25 000
　　贷：套期工具——期货合约 Y　　　　　　　　　　25 000

注：白银 ABC 公司采用了套期策略，规避了存货公允价值变动风险，因此其存货公允价值下降没有对预期毛利额 100 000 元（即 1 100 000 − 1 000 000）产生不利影响。

2. 现金流量套期。现金流量套期是指对现金流量变动风险进行的套期。该类现金流量变动源于与已确认资产或负债、很可能发生的预期交易有关的某类特定风险，且将影响企业的损益。

基本要求如下：

（1）套期工具利得或损失中属于有效套期的部分，应当直接确认为所有者权益，并单列项目反映。

（2）套期工具利得或损失中属于无效套期的部分（即扣除直接确认为所有者权益后的其他利得或损失），应当计入当期损益。

案例 6-6

现金流量套期财务处理

2014 年 1 月 1 日，某白银 DEF 公司预期在 2014 年 6 月 30 日将销售一批白银，数量为 100 000 吨。为规避该预期销售有关的现金流量变动风险，DEF 公司于 2014 年 1 月 1 日在期货市场卖出期货合约 Y，且将其指定为对该预期商品销售的套期工具。期货合约 Y 的标的资产与被套期预期商品销售在数量、质量、价格变动和产地等方面相同，并且期货合约 Y 的结算日和预期商品销售日均为 2014 年 6 月 30 日。

2014 年 1 月 1 日，期货合约 Y 的公允价值为零，商品的预期销售价格为 1 100 000 元。2014 年 6 月 30 日，期货合约 Y 的公允价值上涨了 25 000 元，预期销售价格下降了 25 000 元。当日，DEF 公司将白银出售，并将期货合约 Y 结算。

DEF 公司采用比率分析法评价套期有效性，即通过比较期货合约 Y 和白银预期销售价格变动评价套期有效性。DEF 公司预期该套期完全有效。

假定不考虑衍生工具的时间价值、商品销售相关的增值税及其他因素，DEF 公司的账务处理如下（单位：元）：

（1）2014 年 1 月 1 日，DEF 公司不做账务处理。

（2）2014 年 6 月 30 日

借：套期工具——期货合约 Y　　　　　　　　　　25 000
　　贷：资本公积—其他资本公积（套期工具价值变动）　25 000
（确认衍生工具的公允价值变动）

借：应收账款或银行存款　　　　　　　　　　1 075 000
　　贷：主营业务收入　　　　　　　　　　　　1 075 000
（确认白银的销售）

借：银行存款　　　　　　　　　　　　　　　　25 000
　　贷：套期工具——衍生工具 Y　　　　　　　　25 000
（确认衍生工具 Y 的结算）

借：资本公积——其他资本公积（套期工具价值变动）25 000
　　贷：主营业务收入　　　　　　　　　　　　　　25 000
（确认将原计入资本公积的衍生工具公允价值变动转出，调整销售收入）

3. 境外经营净投资套期。境外经营净投资套期指对境外经营净投资外汇风险的套期。境外经营净投资是指报告企业在境外经营净资产中的权益份额。对境外经营净投资的套期，应当按照类似于现金流量套期会计的规定处理。

自测题

一、单选题

1. 属于白银生产企业面临的系统性风险是（　　　）。
   A. 经济因素引起的风险　　　B. 政治因素引起的风险
   C. 市场风险　　　　　　　　D. 政策因素引起的风险

2. 套期保值的基本原理是：一般情况下，期货现货两个市场的价格变动趋势会（　　　），并且随着最后交割日的临近，两个市场上的价格会（　　　）。
   A. 相反　趋于一致　　　　　B. 相同　趋于一致
   C. 相反　逐渐远离　　　　　D. 相同　逐渐远离

3. 套期保值的原则不包括（　　）。
   A. 品种相同或相近　　　　B. 月份相同或相近
   C. 方向相同　　　　　　　D. 数量相当

4. 套期保值的基本功能不包括（　　）。
   A. 确定采购成本　　　　　B. 获取超额收益
   C. 确定销售价格　　　　　D. 调节库存

5. 以下说法错误的是（　　）。
   A. 套期保值的最基本类型为买入套期保值和卖出套期保值
   B. 企业面临的风险有系统性风险和非系统性风险
   C. 白银产业链上游企业通常更多的做买入套保
   D. 白银产业链上游企业通常更多的做卖出套保

6. 通常即需要做白银买入套保又需要做白银卖出套保的企业是（　　）。
   A. 独立银矿企业　　　　　B. 伴生银矿企业
   C. 白银精炼企业　　　　　D. 白银深加工企业

7. 下列说法正确的是（　　）。
   A. 期货市场上亏损不代表套期保值的失败
   B. 套期保值可对冲所有风险
   C. 在期货市场上建立头寸即进行了套保
   D. 套期保值成本加大了企业的负担

8. 白银企业在套期保值中面临的特有风险为（　　）。
   A. 基差风险　　　　　　　B. 政治风险
   C. 经济风险　　　　　　　D. 政策风险

9. 白银企业要做好套期保值，不宜（　　）。
   A. 坚持全额套保　　　　　B. 建立专业团队
   C. 完善内部控制　　　　　D. 坚持保值原则

10. 套期保值的核心目的是（　　）。
    A. 对冲市场风险　　　　　B. 销售库存商品
    C. 采购原材料　　　　　　D. 获取超额收益

11. 某银基触头生产企业下月需要采购白银150kg，担心白银价格上涨，拟进行全额套保，则应开立（　　）手白银期货合约。

A. 3　　　　　　　　　　　　B. 5
C. 8　　　　　　　　　　　　D. 10

12. 假设上述银基触头生产企业在套期保值开始至结束，白银期货从4 000元/千克涨至4 400元/千克，现货从3 900元/千克涨至4 350元/千克，该公司买入的现货实际成本为（　　）元/千克。

A. 3 900　　　　　　　　　　B. 4 150
C. 4 250　　　　　　　　　　D. 3 950

二、判断题

1. 系统性风险是指风险的产生与形成不能由风险承担者所控制的风险。
（　　）

2. 通常来说，企业套期保值的结果是期货市场和现货市场上一个盈利、一个亏损，且盈亏大致相抵。（　　）

3. 白银深加工企业所做的通常是卖出套保。（　　）

参考答案

一、单选题

1. C　2. B　3. C　4. B　5. C　6. B　7. A　8. A
9. A　10. A　11. D　12. D

二、判断题

1. 对　2. 对　3. 错

第七章

白银期货套利交易

> **本章要点**
>
> 通过阅读本章,可以对套利有一个全面和初步的了解。本章主要介绍了套利的原理、分类,并且讲述了不同类型的套利方法与应用。众所周知,套利区别于投机,它是风险较低的一种交易模式,但是低风险并不代表无风险,在套利的交易中也会遇到各种各样的风险,那就通过本章来了解一下吧。

 一、什么是白银期货的套利交易?

套利是指利用相关市场或相关合约之间的价差变化,在相关市场或相关合约上进行方向相反的交易，以期价差发生有利变化时同时将持有头寸平仓而获利的交易行为。通常，套利被视为投机交易的一种特殊的交易方式。

小贴士

套利遵循的原则

当套利区间被确立，而当前的状态又显示出套利机会时，就可以进行套利操作了。一般而言，要遵循这样以下基本原则：

1. 买卖方向对应原则。在建立买仓同时建立卖仓，而不能只建买仓，或是只建立卖仓。

2. 买卖数量相等原则。在建立一定数量的买仓同时要建立同等数量的卖仓；否则，多空数量的不相配就会使头寸裸露（即出现净多头或净空头的现象）而面临较大的风险。

3. 同时建仓原则。一般来说，多空头寸的建立，要在同一时间。鉴于期货价格波动的交易机会稍纵即逝，如不能在某一时刻同时建仓，其价差有可能变得不利于套利，从而失去套利机会。

4. 同时对冲原则。套利头寸经过一段时间的波动之后达到了一定的所期望的利润目标时，需要通过对冲来结算利润，对冲操作也要同时进行。因为如果对冲不及时，很可能使长时间取得价差利润在顷刻之间消失。

5. 合约相关性原则。套利一般要在两个相关性较强的合约间进行，而不是所有的品种（或合约）之间都可以套利。这是因为，只有合约相关性较强，其价差才会出现回归，亦即差价扩大（或缩小）到一定的程度又会恢复到原有的平衡水平，这样才有套利的基础；否则，在两个没有相关性的合约上进行的套利，与分别在两个不同的合约上进行单向投机没有什么区别。

二、白银期货套利与投机有区别吗？

期货套利是与期货投机交易不同的一种交易方式，在期货交易市场中发挥着特殊的作用。期货套利与期货投机的主要区别在于：

第一，期货投机交易只是利用单一期货合约绝对价格的波动赚取利润，而套利是从相关市场或相关合约之间的相对价格差异变动套取利润。期货投机者关心和研究的是单一合约的涨跌，而套利者关心和研究的是两个或多个合约相对价差的变化。

第二，期货投机交易在一段时间内只做买或卖，而套利交易则是在同一时间买入和卖出相关期货合约，或者在同一时间在相关市场进行反向交易，同时扮演多头和空头的双重角色。

第三，期货套利交易赚取的是价差变动的收益。通常情况下，因为相关市场或相关合约价格变化方向大体一致，所以价差的变化幅度小，因而承担的风险也小。而普通期货投机赚取的是单一的期货合约价格有利变动的收益，与价差的变化相比，单一价格变化幅度较大，因而承担的风险也较大。

第四，期货套利交易成本一般要低于投机交易成本。一方面，套利的风险较小，因此在保证金的收取上要小于普通投机，从而大大节省了资金占用；另一方面，通常进行相关合约的套利交易至少同时涉及两个合约的买卖。在国外，为了鼓励套利交易，一般规定套利交易的佣金支出比单笔交易的佣金费要高，但比单做两笔交易的佣金费用之和要低，所以套利交易的成本较低。

> **小贴士**
>
> **套利对于期货市场的作用**
>
> 套利交易在客观上有助于使扭曲的期货市场价格重新恢复到正常水平，因此，它的存在对期货市场的健康发展起到了非常重要的作用。主要表现在两方面：第一，套利行为有助于期货价格与现货价格、不同期货合约价格之间的合理价差关系的形成。套利交易的获利来自于对不合理价差的发现和利用，套利者会时刻注意市场动向，如果发现价差存在异常，则会通过套利交易以获得利润。而他们的套利行为，客观上会对相关价格产生影响，促使价差趋于合理。第二，套利行为有助于市场流动性的提高。套利行为的存在增大了期货交易的活跃程度，有助于交易者的正常进出和套期保值操作的顺利实现，有效地降低了市场风险，促进交易的流畅化，因而起到了市场润滑剂和减震器的作用。

三、白银期货套利与价差有什么关系？

期货价差是指期货市场上两个不同月份或不同品种期货合约之间的价格差。与投机交易不同，在套利价差交易中，交易者不关注某一期货合约的价格向哪个方向变动，而是关注相关期货合约间的价差是否在合理的区间范围内。当价差偏离合理区间时，交易者可以利用这种不合理的价差对相关期货合约进行方向相反的交易，待价差趋于合理时平仓获利。

在套利价差交易中，交易者要同时在相关合约上进行方向相反的交易，就是说要同时建立一个多头头寸和一个空头头寸，这是套利交易的基本原则。如果缺少了多头头寸或空头头寸，就像一个人缺少了一条腿无法行走，因此，套利交易中建立的多头和空头头寸被形象地称为套利的"腿"。

计算建仓价差时，习惯用高的一边减低的一边。为保持一致性，计算平仓价差时，要用建仓时价格较高的一边的平仓价减建仓时价格较低的一边的平仓价。因为只有计算方法一致，才能恰当地比较价差的变化。

由于套利交易是利用相关期货合约间不合理的价差来进行的，价差能否在套利建仓后"回归"正常，会直接影响到套利的盈亏和风险。具体来说，如果套利者认为目前某两个相关期货合约的价差过大时，他会希望在套利建仓后价差能够缩小；同样，如果套利者认为目前两个相关合约的价差过小时，他会希望套利建仓后价差能够扩大。

 四、白银套利的特点是什么？

所有的套利品种中，白银是非常好的标的资产，相比其他农产品、工业品，白银套利有以下特点：

1. 全球范围的认同度。自有文明记载以来，无论是首饰消费，还是作为交易用的货币，白银都发挥着重要的作用。

2. 全球统一定价。白银无论是在发达国家还是发展中国家、民主国家还是专制国家，其定价都是一样的，正是由于定价的唯一性，决定了白银价差套利是会回归的，相比农产品、工业品等产品，由于存在贸易保护等种种原因，不同交易所的价格也往往相差甚远。

3. 属性稳定。相比其他标的资产，白银化学属性相对稳定，银存放几百年不会变质，并且只要规定纯度，不同交易所的标的资产完全可以视为一样的。

4. 投资者结构差异。同样的商品，为何会有明显的价差呢？正是由于存在不同的投资者机构群体决定他们对商品价格走势未来的预期不一样，上海黄金交易所的投资者以个人散户为主，而国外白银的投资者是以成熟的投资者为主，投资者的结构不同决定了同样的商品在不同的市场具有明显的差异。

5. 具有类金融期货的特点。在期货套利当中，如果涉及商品期货，价差不一定会回归，投资者想要实现套利的收益就必然会涉及现货的交割，而商品交割流程相对复杂，作为一个专业的投资者并不希望牵涉到现货交割的问题。对金融期货来说，比如股指期货是以现金交割，不存在现货交割的问题。对白银来说，虽然也是以现货交割，但由于白银作为全球的仅次于黄金的硬通货，流动性保值性都非常好，类似于金融期货，使得白银套利机会非常多。

五、白银期现套利的合约如何选择？

期现套利是指某种期货合约，当期货市场与现货市场在价格上出现差距，从而利用两个市场的价格差距，低买高卖而获利。理论上，期货价格是商品未来的价格，现货价格是商品目前的价格，按照经济学上的同一价格理论，两者间的差距，即"基差"（基差 = 现货价格 - 期货价格）应该等于该商品的持有成本。一旦基差与持有成本偏离较大，就出现了期现套利的机会。其中，期货价格要高出现货价格，并且超过用于交割的各项成本，如运输成本、质检成本、仓储成本、开具发票所增加的成本等等。

期现套利按持有头寸时间长短可分为短期期现套利和中长期期现套利。对于短期期现套利而言，一方面，现货买卖的成本比较高，在很大程度上压榨了套利空间；另一方面，期现套利建立在期货临近交割基差归零的基础上，而在交割日前基差长期收敛，而短期的变动方向往往是不确定的，从这个角度来看，即使不考虑现货买卖成本，短期的期现套利仍具有很大的投机性。由此，在实际操作中对短期期现套利运用相对较少，更多的是运用中长期期现套利。

中长期期现套利的合约选择应注意以下问题：

1. 交割商品与持有现货的品质应该尽量相近或相同。相同的品质是期现套利的基础。如果所持有的现货与期货交割对应的白银品质不同，一方面增加了现货与期货之间的转换成本；另一方面，不同品质的白银价格不同，价格的变动幅度亦不相同，放大了期现套利的风险。

2. "舍近求远"，规避移仓成本。持有期货合约需要面临的特殊潜在成本为移仓成本,具体包括两方面:一方面是期货交易的手续费,这点占比例较小,不是重要的影响因素;另一点则是不同期货合约的价差,当持有的近月期货合约因交割需要换至远月合约时,两合约之间的价格差异将对冲掉后期基差缩小时的盈利,挤压期现套利的盈利空间。因此,期现套利在选择期货合约时应尽量抛弃近月合约套利,选择远月合约套利,规避移仓成本。

六、白银期现套利如何操作?

白银期现套利的内在动能是:随着期货交割月份的到来,期货价格与现货价格将保持一致,合理的期货价格应为当日现货价格基础上加上现货资金成本及持有现货到交割期间所产生的流通环节的仓储费用、交割费用等。根据这一原理可以通过当日的现货价格预测期货价格的合理价格。

期货合理价格 = 现货价格 + (期现货资金占用成本 + 交割费用)/1 手期货单位。

白银期现套利案例参数设定:

(1) 价格:白银期货操作合约价格为 X 元/千克,现货价格设为 Y 元/千克;

(2) 时间跨度:白银期货合约交割月的 15 日 − 今日日期 = T 天。

(3) 资金规模:期货交易保证金(风险度 85%)7% + 8% = 15%,现货资金为 Y。

(4) 套利固有成本:仓储费:0.011 元/千克/天

运费:M 元/千克

进库费:0.09 元/千克

出库费:0.09 元/千克

交割费用:1 元/千克

期货交易手续费:万分之 0.6

利率(基准利率上浮 10%):5.6% ×1.1 = 6.16%

(5) 不考虑税票费用。

那么,若买入1千克白银现货,同时卖空1千克白银期货,则基本费用见表7-1。

表7-1　　　　　　　　　白银期现套利费用项目

所用资金合计为期货现货资金总额	X×15% + Y
资金占用总成本	(X×15% + Y)×6.16%/365×T
固有成本	0.011×T + 1 + 0.09 + 0.00006×X + M
白银期货当日合理价格	Y + 资金成本 + 固有成本

数据处理:招金期货贵金属研究院。

沪银合约与现货套利分析见表7-2。

表7-2　　　　　　　　　沪银合约与现货套利分析

设定参数: Y = 3 525　X = 3 555　T = 30　利率: 6.16%　M = 2	
所用资金合计为期货现货资金(元/千克)	4 060.5
资金占用总成本(元/千克)	20.56
固有成本(元/千克)	3.6342
白银期货当日合理价格(元/千克　整数报价)	3 550

数据处理:招金期货贵金属研究院。

套利利润 = 3 555 - 3 550 = 5(元/千克)。理论上只要期货价格较现货价格之差超过持仓成本,就存在无风险套利的机会(见图7-1)。

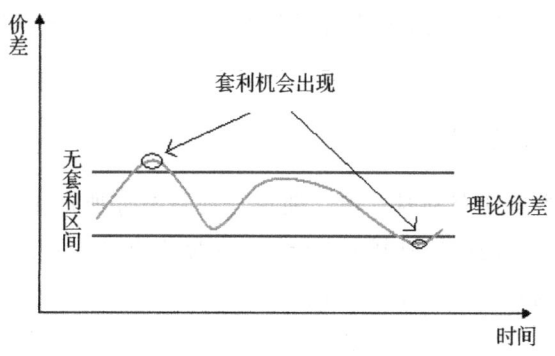

图7-1　无风险套利价差图

图表处理:招金期货贵金属研究院。

七、如何评估白银期现套利的风险?

白银的期现套利过程中面临较多风险,包括:

(一)冲击成本风险

在构建期现套利的组合时,可能产生一定的冲击成本,即成交价高于(买入时)或低于(卖空时)计算套利时的价格,从而使指数产生一定偏差,影响套利收益。事实上,套利者往往会对冲击成本形成一定的预估,以拓宽无套利区间。然而冲击成本的预估精确度与套利决策仍高度相关,体现为错失一些套利机会或者套利后收益为负。

(二)潜在交割风险

期现套利基于临近交割日,期货现货价差缩小的基础。在实际操作中,交割一方面需要较高的成本,另一方面,对资质要求比较高,个人与普通企业无法参与到白银交割,因此在交割前只能平仓离场。基差的明显缩小更多情况下出现在进入交割月以后,由此,对于普通投资者而言,很可能在买入期现套利头寸至被迫离场期间基差并没有显示的缩小,导致套利空间减小甚至出现亏损。

(三)强行平仓风险

当我们考察期现套利时,建立期货与现货头寸所产生的风险也不可忽视。由于期货交易的杠杆机制和强行平仓制度极有可能使套利者面临被强行平仓的风险。例如,套利者进行正向套利(买现货卖期货)后,价格上涨。此时,现货头寸盈利,期货头寸亏损。尽管总和为盈利,但是套利者的期货头寸处于不利地位。如果价格持续上涨,套利者需追加足额保证金,否则就有可能被强行平仓。

(四) 基差波动风险

基差是指现货价格与期货价格间的价差，因此基差的变动反映了现货价格和期货价格的相对走势。单独就基差而言，其在长期收敛，而短期内波动方向依然不确实，具有较大投机性。投资者建立好期现套利头寸后，基差很有可能进一步向不利方向变动，导致期货现货都出去亏损的情况。投资者需要做好心理准备，不应将期现套利界定为百分百收益，而应该界定为低风险下的收益。

 八、白银跨市套利的成本如何计算？

跨市套利是投机者利用同一商品在不同交易所的不同价格，同时买进和卖出合约以谋取利润的活动。目前国内正规的白银交易平台有上海期货交易所和上海黄金交易所，相应就有了上海期货交易所的期货白银与上海黄金交易所的现货白银套利。而白银的跨市套利在理论上并非仅限于此，还可进行白银 TD 与伦敦白银套利，白银期货与美国 COMEX 白银期货套利等，但由于国内相关制度的限制，最为理想的是期货白银与白银 T + D 间的套利（见图 7 - 2）。

理论上，白银跨市套利的成本包括交易成本、资金成本、递延费（T + D 市场）、交割成本（如果涉及交割的话包括运输成本、质检成本、仓储成本、开具发票所增加的成本）等，不同市场的跨市套利，所涉及的成本各不相同，其基本成本项目见表 7 - 3。

在实际操作中，由于交割一方面加大了跨市套利的成本，另一方面上海期货交易所与上海黄金交易所交割品级不同，增加了不必要的麻烦，所以实际操作中的跨市套利以平仓为主，而非交割。因此以平仓方式了结跨市套利的成本包括三方面：交易成本、资金占用机会成本、递延费。其中，交易成本包括期货与白银 T + D 的买卖手续费，资金成本为持有仓单所占用的保证金的机会成本，同时持有白银 T + D 过程中有可能支付递延费。

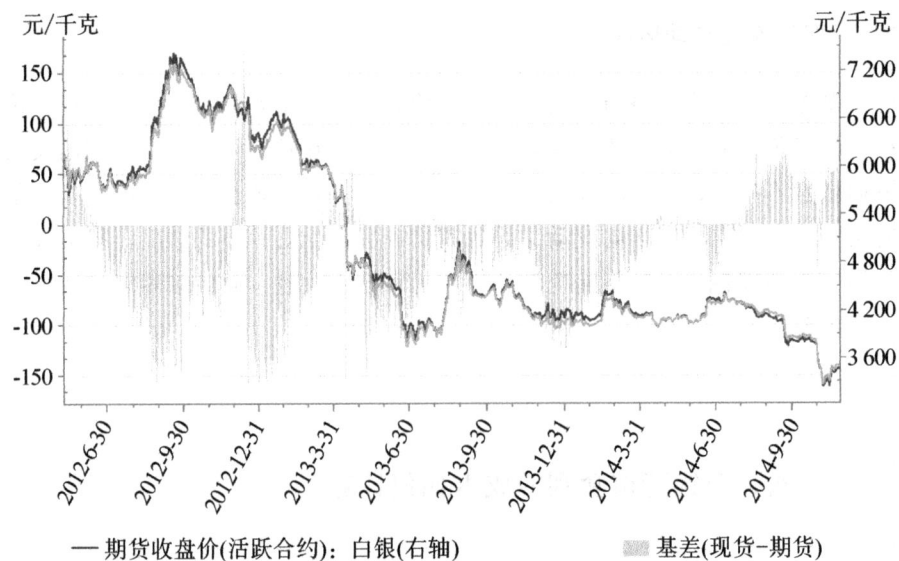

图7-2 上海期货交易所与上海黄金交易所白银价差图

资料来源：Wind资讯。

表7-3　　　　　　　　　白银跨市套利成本结构

	白银 T+D	白银期货
建仓成本	下单手续费	下单手续费
持仓成本	资金占用机会成本	资金占用机会成本
	递延费	
交割成本	运输成本、质检成本、仓储成本、开具发票所增加的成本等	

表格处理：招金期货贵金属研究院。

案例 7-1

不计递延费情况下的跨市套利

2013年5月30日白银期货1312报价3 900元/千克，白银T+D报价

3 800元/千克,存在卖期货买T+D的套利空间,期货手续费万分之一,T+D手续费万分之八,保证金都按15%计,一年期银行存款利率3%,假设至2013年11月30日平仓,白银期货1312报价4 200元/千克,白银T+D报价4 180元/千克,期货现货各买入1手(15千克),则跨市套利成本构成如表7-4所示。

表7-4　　　　　　　　跨市套利费用明细表　　　　　　　单位:元

	白银T+D	白银期货
建仓成本	3 800×15×8‰×2=91.2	3 900×15×1‰×2=11.7
持仓成本	3 800×15×15%×3%/2=128.25	3 900×15×15%×3%/2=131.625
总成本	91.2+11.7+128.25+131.625=369.075	

数据处理:招金期货贵金属研究院。

案例7-2

递延费情况下的跨市套利

实际上,在白银T+D市场,递延费的支付方向不确定,套利成本难以确定,成为跨市套利中一个重要风险点,因此,在分析套利机会时除了以上基本成本项目外,需考虑递延费支付方向所带来的影响。承上例假设白银T+D递延费为万分之二,持仓期间为180日,其中85个交易日收取递延费,95个交易日支付递延费,则其成本构成如表7-5。

表7-5　　　　　　　　跨市套利费用明细表　　　　　　　单位:元

	白银T+D	白银期货
建仓成本	3 800×15×8‰×2=91.2	3 900×15×1‰×2=11.7
持仓成本	3 800×15×15%×3%/2=128.25	3 900×15×15%×3%/2=131.625
递延费	3 800×15×2‰×(95-85)=114	
总成本	91.2+11.7+128.25+131.625+114=483.075	

数据处理:招金期货贵金属研究院。

需要注意的是，期货白银合约一手为15千克白银，而白银T+D是1千克，在跨市套利时，应该按1:15的比例予以下单。另外，白银期货与T+D市场跨市套利，在考虑基本成本项目外，可以根据白银T+D市场递延费的最差情况（总是支付递延费）和最优情况（总是收取）计算无风险套利空间，但一般而言，无风险套利的机会较少。

小贴士

白银跨市套利的原理是什么？

跨市套利是指在某一市场买入某种商品的同时，在另一市场卖出同种商品，然后在有利时间分别在两个市场对冲掉手中产品，从中获利的交易行为。

跨市套利最核心的思想是"一价定律"。由于存在地域和时空的差异，同一种商品在不同国家的期货市场上往往存在合理的价格差异。一般来说，它们彼此的比价或价差稳定在一个固定的区域，即使有时会出现短暂的异常，但在市场经济规律的调节下，这种异常最终也会恢复到正常水平。具体来说，跨市套利的原理如下：

1. 两个市场价格受相同因素影响正常情况下价格变动相同，但波幅有差异。

2. 两个市场存在合理价差，受外界因素影响价差会造成异常，但最终恢复原来水平。

3. 两市场价格变动可预期，有规律可循。

延展阅读

白银的国际跨市套利

国外市场除了COMEX白银外还有伦敦银、香港银等市场，从流动性和交易成本的角度看，COMEX白银最适合套利。在进行国内外市场套利时，需要注意两个问题：一是报价单位不一样，计算差价时候需要折算到统一的价格。国内白银市场按照元/千克报价，而国外COMEX白银按照美元/盎司报价，因此需要将价格进行转换：国内白银价格＝国外白银价格×人民币汇率/31.1035×1 000，在进行折算后再计算价差。二是合约单位不一样，建立头寸时需要匹配重量，如国内上海黄金交易所白银一手是1千克，上海期货交易所白银期货一手是15千克，而国外COMEX白银一手合约为5 000盎司，由于国外合约远大于国内合约，建立套利头寸需先确定国外市场合约手数后再确定国内合约手数，这样可以将误差缩至更小。另外，不同于黄金价差稳定围绕0值波动，国内外白银价差波动范围更大，固定开平仓点的策略不适合国内外白银套利，可以考虑震荡类指标作为开平仓信号。

参与国际跨市套利有一些需要注意以下问题：

1. 资金管理。资金的跨国调动与国内调动有很大的不同，跨国调动往往面临着更加复杂的程序，需要更多的时间。在国际跨市套利过程中，必须分配好资金，尽量降低仓位，避免出现极端行情时不能及时补充资金而被强制平仓的情况。

2. 合约选择。理论上，期货跨市套利应该选择两个市场交割月份相同的合约，但国内外白银期货市场中，相同交割月份合约难以共同成为各自市场的主力合约；而且国外白银期货价格对国内白银期货价格的传导主要表现为其主力价格对国内价格的影响，国内外白银期货市场的联动性主要表现在主力合约价格的联动。因此，在实际的套利操作之中，我们主要是针对两个市场的主力合约进行操作。在这种情况下，白银期货市场的跨市套利具有一定的跨期套利的成分。

3. 人民币兑美元汇率。在白银期货的跨市套利操作之中，人民币汇率的变动是影响套利收益的关键性因素。在卖国内白银买国际白银的跨市套利组合中，人民币升值会缩小利润空间，反之则会扩大利润空间；而在买国内白银卖国际白银的跨市套利操作中，人民币升值会扩大利润空间，反之则会缩小利润空间。因此，在白银跨市套利操作中，投资者应将人民币兑美元汇率作为重要变量加入跨市套利方案中。

九、白银跨市套利有哪些风险？

跨市套利风险除了前述期现套利的风险，还包括以下风险：

1. 价差稳定性。价差关系只在一定时间和空间内具备相对的稳定性，这种稳定性是建立在一定的现实条件下的。一旦这种条件被打破，比如税率、汇率、贸易配额、远洋运输费用、生产工艺水平等外部因素的变化，将有可能导致价差偏离均值后缺乏"回归性"。

2. 信用风险。由于国内禁止未经允许的境外期货交易，目前大多数企业只能采取各种变通方式通过注册地在香港地区或新加坡的代理机构进行外盘操作，这种途径存在一定的信用风险。

3. 时间敞口风险。由于内外盘交易时间存在一定差异，因此很难实现同时下单操作，不可避免地存在时间敞口问题，加大了跨市套利的操作风险。

4. 政策性风险。政策性风险或称为系统性风险，指国家对有关商品进出口政策的调整、关税及其他税收政策的大幅变动等，这些都可能导致跨市套利的条件发生重大改变，进而影响套利的最终效果。

 十、如何进行白银跨期套利？

跨期套利是套利交易中最普遍的一种，是利用同一商品但不同交割月份之间正常价格差距出现异常变化时进行对冲而获利的，又可分为牛市套利和熊市套利。

就白银期货而言，考虑到合约交易的活跃程度，往往在6月份合约与12月份合约之间进行套利。当两合约之间价差超过"正常水平"时，我们采用买低卖高的策略建仓，待价差回归常态时，可获取无风险收益。但是实际上，虽然白银期货每年一般是 6 月和 12 月合约为主力合约，但是较长的一段时间内经常只有一个合约能够保持良好的活跃度，而其他成交量较少，因此白银期货的跨期套利必须要考虑两个合约的流动性问题，因此套利机会一般较少，这里仅举例说明跨期操作过程。

所谓的价差的"正常水平"，即白银跨期套利的持仓成本。理论上，持仓成本 = 仓储费 + 资金利息 + 交易手续费 + 交割费 + 增值税等，实际操作中由于交割不仅有资质限制，而且会加大持仓成本，跨期套利往往以交割前平仓的方式予以了结。在这种情况下，持仓成本 = 资金利息 + 交易手续费。

案例 7-3

白银跨期套利

2014 年 10 月 10 日，沪银 1506 报价 3 729 元/千克，沪银 1412 报价 3 832元/千克，出现跨期套利机会，假设两合约各开仓一手，于 10 月 28 日平仓，沪银 1506 报价 3 753 元/千克，沪银 1412 报价 3 791 元/千克。白银交易手续费万分之一，期货账户保证金及风险准备金共 20%，资金利息按照 6% 计算。跨期套利交易过程及结果见表 7-6。

表 7-6　　　　　　　跨期套利交易过程及结果

2014.10.10 开仓	Ag1412 卖出价 3 832 元/千克	Ag1506 买入价 3 729 元/千克	价差 103 元/千克
2014.10.28 平仓	Ag1412 买入价 3 791 元/千克	Ag1506 卖出价 3 753 元/千克	价差 38 元/千克
合约盈亏	盈利：41 元/千克	盈利：24 元/千克	价差缩小：65 元/千克
期货盈亏	1 手套利净盈亏：65 元/千克 × 15 千克 = 975 元		
手续费	$3\,832 \times 15 \times 1\%\% + 3\,791 \times 15 \times 1\%\% = 11.43$（元）	$3\,729 \times 15 \times 1\%\% + 3\,753 \times 15 \times 1\%\% = 11.22$（元）	合计手续费：22.67 元
资金成本	$3\,832 \times 15 \times 20\% \times 6\% \times 18/365 = 34.02$（元）	$3\,729 \times 15 \times 20\% \times 6\% \times 18/365 = 33.10$（元）	合计资金成本：67.12 元
套利结果	975 - 22.67 - 67.12 = 885.21（元）		

数据处理：招金期货贵金属研究院。

对于实务操作中的持仓成本,由于资金成本与持仓时间成正比,不同跨度的跨期套利成本不同。理论上,当年12月份合约应该高于6月份合约,超出部分一方面为时间价值,一方面为持仓费用,当12月份合约与6月份合约的价差可以弥补资金成本及手续费时,即存在套利空间。假设沪银1406报价4 000元/千克,白银交易手续费万分之一,期货账户保证金及风险准备金共20%,资金利息按照6%计算,则沪银1412理论报价应该为 4 000×1.03+4 000×15×1‰‰×4=4 144(元/千克)。用公式表示,沪银当前主力合约报价X,价差超过3.6%X时,即存在套利空间。

因此,就超短期套利而言,可忽略资金成本,当远月主力合约报价超过近月主力合约报价的1.036倍时,即存在卖远买近的套利机会。反之,则卖近买远。就N个月跨度的套利而言,不可忽略资金成本。沪银当前主力合约报价X,资金成本为3NX%,折合每千克超出NX/500,即当远月主力合约报价超过近月主力合约报价0.036X+NX/500时,即存在卖远买近的套利机会。反之,则卖近买远。

十一、白银与黄金跨品种套利的基础是什么?

俗话讲,"金银不分家",黄金白银具有相似的金融属性,在历史上都曾长期发挥货币职能,在当今以美元为代表的信用货币体系下,金银仍是市场上投资者追逐和博弈的重要对象。一般来讲,金银价格表现为同涨同跌(见图7-3)。据统计,自20世纪70年代以来,伦敦金银现货价格之间相关系数为达到90%以上,属于高度相关。不过,由于白银商品属性强于金融属性,黄金金融属性强于商品属性,两者在不同阶段的涨跌幅度上又常常会有所差异,但从长期来看,两者之间会维持一个均衡的比值,当比值偏离过大时,有回归的趋势。这就为金银之间的套利交易创造了机会。根据金银20世纪70年代以来的比价关系,金银比值的总体运行在较大的区间14至100以内,平均值53左右,核心运行区域35至80之间。

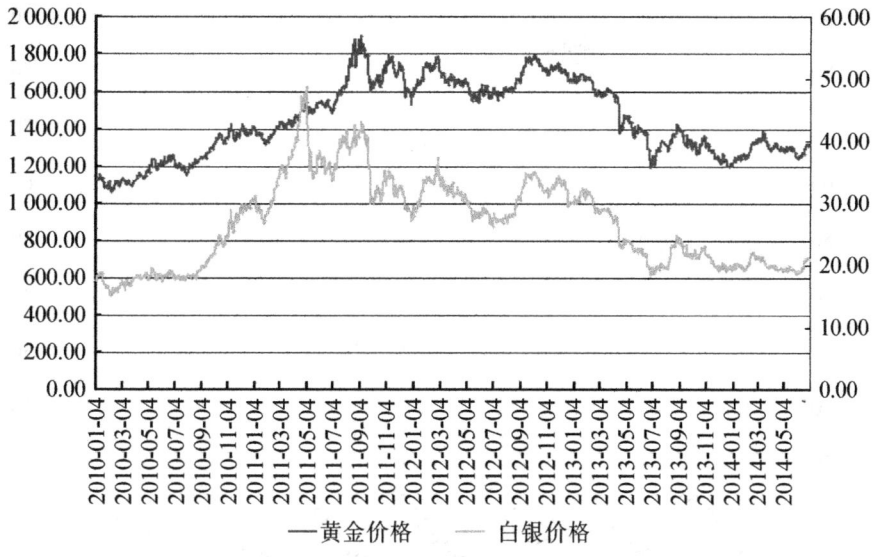

图7-3 黄金白银价格走势图

资料来源：招金期货贵金属研究院，Wind资讯。

金银比价，通常用来衡量金银价格走势强弱。即使在金银复本位时代，官方严格固定金银比价的背景下，市场上对金银比价的看法仍会依市场供求变化而作出相应调整，出现所谓"劣币驱逐良币"的现象。金银退出货币流通领域以后，金银的市场比价，通常处于波动状态。据统计，2007年以来伦敦金银现货比价主要在30～85之间波动，目前伦敦金银现货比价为70左右（见图7-4）。

金银比价的差异与黄金白银的供应与需求上的巨大差异有关。

供应方面，近年矿产金占黄金供应量比例约60%～70%，再生金占比约30%～40%。矿产银占白银总供应量比例约60%～75%，再生银占20%～25%，政府抛售占1%～7%。当然各年份金银供应的变化幅度并不总是一致。而需求方面，近年黄金的珠宝首饰需求占总需求比例约40%～50%，投资需求占30%～40%，工业和牙科需求占约10%，金币、奖牌和奖章等需求占比约10%。白银主要用于制造业，占比80%～86%，首饰需求占15%～18%，铸币印章占9%～11%，银器需求占比约5%，而隐

图 7-4 2007 年以来伦敦黄金白银现货价格比值

资料来源：Wind 资讯。

含投资需求占 12% ~ 18%。因此，通过对不同形势下金银价格波动的考察，并结合金银需求的差异性，可以发现金银价格波动存在着以下规律：

1. 在总体货币环境放松和紧缩主导的行情中，黄金、白银价格趋向同涨同跌，黄金波动幅度一般大于白银。

2. 在货币体系危机即避险需求主导的行情中，黄金波动幅度通常大于白银。

3. 在首饰需求主导的行情中，黄金波动幅度一般也将超过白银。

4. 在经济复苏或衰退即工业需求主导的行情中，白银波动幅度将超过黄金。

5. 金银比价本身所处的位置高低也将影响其未来走向。一般金银比价处于相对低位时，多金、空银更容易被投资者接受；反之，金银比价处于相对高位时，投资者可能转向多银、空金。

6. 不同因素叠加时，黄金与白银的相对波动幅度可能强化或彼此冲淡。

十二、白银与黄金套利如何操作?

黄金与白银的走势基本同步,但这种同步并非完全一致,金银比价的上升或下跌至异常区域时,这种情况将会提供难得的套利机会,因此,在这个比例到达异常区域(历史高位/低位)时,可进行黄金与白银的套利。

案例 7-4

白银与黄金套利操作

2014年上半年影响黄金白银价格的主线因素是地缘危机与美联储货币政策两条主线,但是地缘危机因素主导全局,尤其是在4月和5月份的乌克兰持续动荡的政局,令全球的避险情绪不断升温,投资者纷纷买入避险资产黄金白银进行保值。从历史上看,地缘局势不稳定期间,黄金的避险属性要高于白银,从基本面分析考虑,黄金将相对于白银有相对较宽裕的涨幅,因此采取买入黄金卖出白银的套利策略。具体操作见表7-7。

表7-7　　　　　　　多金空银套利策略表

金银跨品种套利分析						
日期	沪金1406（元/克）	开平仓	沪银1406（元/千克）	开平仓	金银比值	手数配比（黄金:白银）
4月2日	256.75	(买开)	4 121	(卖开)	62.30	1:4
5月5日	263.00	(卖平)	4 091	(买平)	64.29	
策略	4月2日买多1手黄金卖空4手白银,5月5日同时平仓黄金和白银					
收益	(263.00 - 256.75) × 1 000 + (4 121 - 4 091) × 15 × 4 = 8 050 (元)					

资料处理:招金期货贵金属研究院。

通过以上黄金白银的套利过程来看，基于基本面分析的判断可以发现套利机会，合理操作可以获得较高收益，并且一买一卖降低了风险。

同样的，通过观察黄金白银的比值变化，也可以进行金银套利。例如，当投资者持有某一数量的黄金，他在黄金和白银比率达到较高数值（如100）时可以出售黄金，并购入白银，当这个黄金白银比值跌到50时，投资者再可以出售白银而换取两倍数量的黄金。按照这种套利方法，投资者可以不断让手上的黄金或白银增加。发现这种套利机会，可以让投资者手中的黄金或白银实现价值最大化。

对于货币贬值、通货紧缩、汇兑风险（货币）、战争等担心，这种套利方法完全可以在规避风险时保有自己的资产价值。

十三、白银与黄金套利交易有什么风险？

（一）金银套利所面临的风险

金银套利既要注意套利的固有风险，又应注意品种差异的风险，具体来讲，金银套利所面临的固有风险如下：

1. 资金风险。套利投资一般是双向持仓或持有对应数量的标准仓单，资金使用和投资收益率的提高是一对矛盾，如果在这方面处理不好，就容易遇到意外的资金风险。

发生这种资金风险的一种情况是：由于白银期货采用保证金杠杆交易和当日无负债结算制度，当交易所、期货公司为控制可能出现的市场风险，按规定对客户交易账户发出资金追加的通知时，双向持仓的套利账户由于未能得到有效的保护，同时持仓数量比较大，可能要被迫减持头寸，最终会影响套利交易的投资收益。

另一种情况是，行情正常发展，但是由于投资者进行套利操作的目标合约价格涨跌幅巨大，原来的保证金数量不足以填补价格变动后亏损的比例，必须追加资金或者减持头寸,这也会对套利投资的收益产生负面影响。

应对该类风险要求持仓仓位必须控制在一定限度内,并且具备在紧急情况下补充资金的机制。

2. 流动性风险。对于同时存在的12个月份的白银期货合约,通常只有一个月份的合约成交最活跃,较大规模的资金能够轻易进出,不影响盘面价格,但是,随着时间的推移,临近交割月时,成交活跃度下降,大资金就不容易在预想的价格平仓出局。

除了上述固有风险,金银套利面临的最大风险是价差,或叫比值风险。

传统意义上的金银套利,更多的依据金银比值,即偏离正常值后将有回归动作,具体而言,当金银比值大于"正常水平"时,则空金多银,待比值减小时获利出局;当金银比值小于"正常水平"时,则空银多金,待比较变大时获利出局。而在这个过程中,对于"正常水平"的界定并没有严格的依据(见图7-5)。

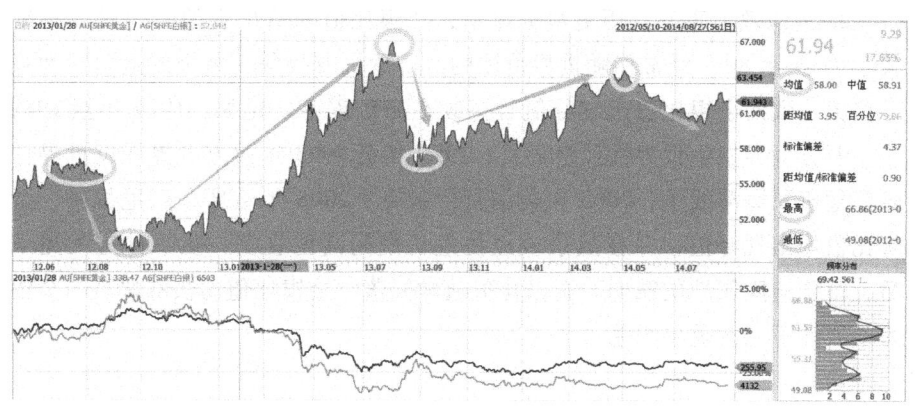

图7-5 上海期货金银主力合约比值走势图

资料来源:Wind 资讯。

从图7-5来看,金银比值波动较大,最低49,最高67,很难确定出所谓的"正常比值",盲目的看比值投资的话,具有较强的投机性。

(二) 影响金银套利的因素

影响金银比值的因素,即金银套利的风险点,具体有以下几点:

1. 贵金属运行周期。

（1）上涨周期。在贵金属上涨周期的前半期（温和上涨阶段），投资者对投资与投机需求才刚开始，黄金依旧能够满足投资者的需求，黄金的涨幅会高于白银，从而，金银比值逐渐上升；当贵金属发展至上涨的后半期（狂热上涨阶段），投资者对于贵金属的投资与投机需求更高，黄金不能满足市场需求，进而大量投资者买入白银作为黄金的替代品，这样，白银涨幅要高于黄金，从而，金银比值逐渐回落。

（2）下跌周期。在贵金属下跌的前半期（恐慌下跌阶段），投资者已经意识到泡沫化较为严重，而白银价值含量相对较低，首先成为抛售的对象，白银跌幅大于黄金，从而金银比值上升；当贵金属行情发展至下跌周期的后半期（缓慢下跌阶段），由于白银的工业属性更强，并且长期的熊市使投资者对黄金的热情也降温，白银变得相对抗跌，而黄金表现则更弱，从而金银比值有回落趋势。

2. 地缘政治事件。历史数据显示，金银比值峰值出现的时间段（持续大于70甚至80）经常伴随世界范围的经济危机或战争，黄金的避险属性强于白银，致使金银比值出现峰值且持续在高位震荡。比如：1979年至1982年，西方世界发生世界性经济危机；1990年至1993年西方世界爆发世界性经济危机及海湾战争；2003年美国打伊拉克；2008年全球金融危机等，金银比值均出现峰值，并在战争或经济危机期间高位震荡，在事件进入尾声后，由于避险属性的减弱，金银比值通常回落，金银比值的快涨快跌与金银避险属性不同有重要关系。

十四、白银套利交易过程中需要注意什么问题？

白银套利作为期货市场中一种重要的交易策略，能够纠正白银期货与现货不合理的偏差，将扭曲的市场价格重新拉回至正常水平。为使期货套利者最大限度地规避可能产生的风险，提高获利的机会，期货套利交易者在实际操作过程中应该注意一些基本要点：

1. 套利一定要坚持同进同出。在进行套利时，必须坚持同时进出的原则，即开仓时同时买入卖出，平仓时也要同时买入卖出。一些套利者在开仓时能够同时买入卖出，但是在准备平仓的时候，一些套利者过于相信自己的判断，先了结获利的那笔交易，而继续持有亏损的另一笔交易，希望市场能够出现反转，这样套利行为就变成了完全的单边投机行为，失去了套利的初衷，风险也就自然扩大了。

还有些交易者在持仓存在亏损的情况下，由于不服输的心理使然，对其持有仓位反向建仓，采用"套利"来保护已经亏损的单边交易，希望后建的仓位可以弥补当初仓位的一部分损失。事实上，这些投资者最后虽然同时平仓，但由于建仓时间不同，并没有形成套利，后来建立的仓位只能起到已有损失不再扩大的作用，而先前仓位亏损已经客观存在，采用反向建仓补救为时已晚，不如认输退出市场。

2. 要注意选择期货合约。一般情况下，白银期货各个合约只有一个合约成交及持仓情况都是最大的，其余月份的合约成交及持仓较小，而成交及持仓最大的合约一般是在 6 月和 12 月两个合约之间轮换，在市场中被称为主力合约，其余合约则存在流动性不足、交易不活跃的问题，可能会出现难以建仓或平仓的情况。因此，在套利交易中，必须注意期货合约的流动性问题，选择主力合约作为套利对象，以避免套利过程中无法及时建仓或平仓的问题。

3. 不要在陌生的市场做套利交易。这实际上是一个常识问题。由于套利者一般是通过合约之间的价差赚取利润，而对具体的商品并无需求，因此，套利者通常关心的是合约之间的价差，而对交易的期货品种并没有浓厚的兴趣。但是农产品期货市场的跨期套利和跨市套利中，套利者就必须了解该农产品何时收获上市、年景如何、仓储运输条件怎样。在进行套利前，必须具备这些基本知识，否则应该远离这个市场。

4. 不能因为低风险和低额保证金而做超额套利。套利确实有降低风险的作用，而且在国外交易所为了鼓励套利，套利的保证金数额比一般的投机交易低 25% 至 75%。可是不要以为这样就可以把交易数量盲目扩大，因为这样一来，如果价差并不向预期的方向发展，这时投资者面临的亏损额与他的合约数量是成正比的,无形中增加了风险。此外,超额套利后,佣金也随套利量的增加而增加,套利的优势也无法正常地发挥出来。

5. 不要用锁单来保护已亏损的交易。锁单不是套利交易,锁单无法把握不同合约间的价差收益。在期货市场上进行交易,输赢是正常地,在出现亏损时就应该忍痛了结,不肯服输的投资者有时可能会出现更大的损失。但是在实际交易过程中,有的投资者买入一份期货合约后,价格出现节节下跌,本来应该迅速平仓出场,可他仍寄希望于奇迹发生,即价格出现反弹,于是继续留在市场中观望。为了避免更糟的情况发生,他又卖出同一种期货合约以形成套利的模式。其理由是:如果价格继续下跌,卖出的这份合约将可以补偿当初买入合约的一部分损失。但事实上后来卖出的期货合约只能起到已有损失不再扩大的作用,先前买入的期货合约的损失已经客观存在,故采用锁单的方法是无法将其挽回的。

延伸阅读

几种"套利陷阱"

市场中常常出现价格分布不寻常的合约组合,有些可以成为投资者套利交易的良好对象,有些则是"套利陷阱",其存在由于种种原因,并不能很好的实现价差回归,有时甚至会出现令人诧异的变化,导致套利失败。因此,投资者要格外小心下面几种"套利陷阱"。

1. 不做非短期因素影响的正向套利。由于套利机会是依据中长期价格关系找到短期价格呈现偏离的机会,发生套利机会的因素一般都是短期或者突发事件引起的价格异变,所以,一般不应介入非短期因素影响的正向套利时机。

2. "逼仓"中的套利危险。其风险主要在跨期套利中浮现,一般而言,跨期的虚盘套利不涉及现货,而逼仓的风险就在于没有现货头寸做保护,当市场行情呈现单边逼仓的时候,逼仓月合约要比其他月份走势更强,其价差未涌现"理性"回归,从而导致亏损的局势。

3. 不做流动性差的合约。如果组建的套利组合中一个或两个期货合约流动性很差，我们就要注意该套利组合是否可以顺利地同时开仓和平仓，如果不能，则要斟酌废弃该次套利机会。此外，如果组合构建得足够大，则组合的两个合约都存在必定的冲击成本。在期现套利和跨期套利中，参与到交割的套利须保证有足额的资金交付。

4. 资金的机会成本和借入成本。在实际投资中，两个交易账户均须备有足够的预留保证金，这会增添利息成本，从而降低收益率。我们需要斟酌资金起源是自有资金还是借贷资金，而资金借入的期限和套利头寸的持有期限可能并不匹配也会产生风险和成本。

自测题

一、单选题

1. 在进行套利时，交易者主要关注的是合约之间的（　　）。

    A. 相对价格关系　　　　　　B. 绝对价格关系

    C. 交易品种的差别　　　　　D. 交割地的差别

2. 与普通投机交易相比，套利者在一段时间内（　　）。

    A. 只进行多头操作

    B. 只进行空头操作

    C. 同时进行多头和空头操作

    D. 先进行一种操作再进行另一种操作

3. 国外交易所规定，套利的佣金支出与一个回合单盘交易的佣金相比（　　）。

    A. 是后者两倍　　　　　　　B. 大于后者两倍

    C. 小于后者两倍　　　　　　D. 介于后者的一倍到两倍之间

4. 买入较近月份的合约同时卖出远期月份的合约的套利（　　）。

    A. 牛市套利　　　　　　　　B. 熊市套利

C. 蝶式套利 D. 花式套利

5. 近期合约的市场走势弱于远期合约，称为（　　）。

A. 牛市套利 B. 熊市套利

C. 蝶式套利 D. 跨市套利

6. （　　）投机者利用同一商品在不同交易所的期货价格的不同，在两个交易所同时买进和卖出期货合约以谋取利润的活动。

A. 跨期套利 B. 跨市套利

C. 牛市套利 D. 跨品种套利

7. 价差的逆向运行，利率汇率的变动等所产生的风险是套利交易的（　　）。

A. 政策风险 B. 市场风险

C. 操作风险 D. 资金风险

8. 期现套利的目的是（　　）。

A. 保值 B. 获利

C. 规避风险 D. 长期持有

二、填空题

1. 跨期套利可分为_____、_____和_____三种。

2. _____是指买入较远月份的合约同时卖出近期月份的合约的套利。

3. 所谓_____，是指利用两种不同的、但是相互关联的商品之间的期货价格的差异进行套利，即买进（卖出）某一交割月份某一商品的期货合约，而同时卖出（买入）另一种相同交割月份、另一关联商品的期货合约。

三、判断题

1. 套利与套期保值在交易形式上相同，只是前者只在期货市场上买卖和约。（　　）

2. 在进行套利时，交易者十分关注和约间的绝对价格水平。（　　）

3. 套利在本质上是期货市场的一种投机，有时它会进一步扭曲期货市场的价格。（　　）

4. 与复杂的外汇、股票、债券、期货相比，黄金白银宏观对冲方向性更容易把握，两者之间的比价趋势更有规律。（　　）

5. 牛市套利是指卖出较近月份的合约同时买入远期月份的合约的套利。（　　）

6. 蝶式套利是由两个方向相反、共享中间交割月份的跨期套利的组合，可以看作是一个牛市"套利"与一个熊市"套利"的组合，即同时进行三个交割月份的合约买卖，通过中间交割月份合约与前后两交割月份合约的价差的变化来获利。（　　）

参考答案

一、不定项选择题

1. A　2. C　3. D　4. A　5. B　6. B　7. B　8. B

二、填空题

1. 牛市套利　熊市套利　蝶式套利　2. 熊市套利　3. 跨品种套利

三、判断题

1. 对　2. 错　3. 错　4. 对　5. 错　6. 对

第八章

白银期货交易风险管理

本章要点

> 本章将向投资者揭示白银期货的交易过程中可能出现的各类风险和可能出现的问题,帮助投资者在进行期货交易前充分认识到可能面临的风险,并了解相应的防范措施,由此规避相关风险,提高交易成功概率。

   一、白银期货市场风险有哪些?

贵金属投资市场的风险是复杂的、多方面的,因此,在投资过程中有必要认清风险的分类以及成因和特点,以便做好防范措施。

白银期货市场的风险具有多样性和复杂性,简单地说,可以从风险是否可控及风险成因进行划分、归类。

(一) 从风险是否可控角度划分为不可控风险和可控风险

1. 不可控风险。不可控风险又称系统性风险,是指风险的产生与形成不能由风险承担者所控制的风险。这类风险来自于白银市场之外,对白银市场的相关主体都能产生影响,具体包括两类:

一类是宏观环境变化的风险。这类风险是通过影响白银供求关系进而影响其价格而产生的,具体可分为不可抗力自然因素变动的风险以及政治因素、经济因素和社会因素等变化的风险。这些因素的变动,影响交易者对白银价格的合理预期,尤其是突发的或偶然事件的发生,如异常恶劣的气候状况、突发性的自然灾害及一个国家政局的动荡等等,会扰乱正常的商品供求规律,使白银市场产生剧烈震荡,带来很大风险。

另一类是政策性风险。管理当局根据市场发展的特定阶段通过制定、颁布、实施某些政策加强对白银市场的宏观管理,其制定的政策是否合理,在很大程度上决定于管理当局对白银市场的认识、经验与成熟程度,因此政策的实施、变动带有很大的主观性,如果政策不合理、政策变动过频或者政策发布缺乏透明度等,都可能在不同程度上对白银市场的相关主体直接或间接的产生影响,造成不可预期的损失,进而引发风险。

2. 可控风险。可控风险又称非系统性风险,是通过白银市场相关主体采取措施可以控制或可以管理的风险,如交易所的管理风险和技术风险等。白银市场的风险管理重点放在可控风险上。

(二) 从风险成因划分,可将白银市场分为市场风险、信用风险、操作风险与法律风险

1. 市场风险。市场风险是因价格变化使持有的白银合约的价值发生变化的风险,是白银交易中最常见、最需要重视的一种风险,导致交易市场风险的因素包括自然环境因素、社会环境因素、政治法律因素、技术因素、心理因素等。白银市场的风险又可分为利率风险、汇率风险、商品风险等。

2. 信用风险。信用风险是指由于交易对手不履行履约责任而导致的风险。白银交易由于有交易所担保履约责任,因而几乎没有信用风险。现代白

银交易的风险分担机制使信用风险的概率很小，但在重大风险事件发生时，或风险监控制度不完善时，也会发生信用风险。

3. 资金量风险。资金量风险是指当投资者的资金无法满足保证金要求时，其持有的头寸面临的被强制平仓的风险。

4. 操作风险。操作风险是指因信息系统或内部控制方面的缺陷而导致意外损失的可能性。操作风险包括以下几个方面：因负责风险管理的计算机系统出现差错，导致不能正确把握市场风险，或因计算机的操作错误而破坏数据的风险；储存交易数据的计算机因灾害或操作错误而引起损失的风险；因工作责任不明确或工程程序不恰当，不能进行准确结算或发生作弊行为的风险；交易操作人员指令处理错误所造成的风险；不完善的内部制度与处理步骤不正确等所产生的风险。

5. 法律风险。法律风险是指在白银交易中，由于相关行为（如签订的合同、交易的对象、税收的处理等）与相应的法规发生冲突，致使无法获得当初所期待的经济效果甚至蒙受损失的风险。如有的机构不具有白银代理资格，投资者与其签订代理合同就不受法律保护，投资者如果通过这些机构进行白银交易就有法律风险。

 二、白银期货市场产生风险事件的主要原因是什么？

白银期货市场风险来自多方面，从白银交易起源与白银期货交易特征分析，其风险成因主要有四个方面：价格波动、保证金交易的杠杆效应、交易的非理性投机和市场机制是否健全。

（一）价格波动

在市场经济条件下，商品的价格受供求关系的影响而上下波动。对于商品的生产和经营者来说，价格波动的不可预期性增加了生产经营的不稳定性，而白银期货市场特有的运行机制可能导致价格频繁乃至异常波动，从而产生高风险。

（二）杠杆效应

白银期货交易实行保证金制度，交易者只需支付合约一定比例的保证金即可进行交易，保证金比例通常为合约价值的8%，以此作为合约的履约担保。这种以小搏大的高杠杆效应，既吸引了众多投机者的加入，也放大了本来就存在的价格波动风险。价格的小幅波动，就可能使投资者损失大量保证金。在市场状况恶化时，他们可能无力支付巨额亏损而发生违约。白银期货的杠杆效应是区别于其他投资工具的主要标志，也是白银期货市场高风险的主要原因。

延伸阅读

巴林银行倒闭

1995年2月26日，新加坡巴林公司期货经理尼克·里森投资日经225股指期货失利，导致巴林银行遭受巨额损失，合计损失达14亿美元，最终无力继续经营而宣布破产。从此，这个有着233年经营史和良好业绩的老牌商业银行在伦敦城乃至全球金融界消失。该行已由荷兰国际银行保险集团接管。

巴林银行集团曾经是英国伦敦城内历史最久、名声显赫的商业银行集团，素以发展稳健、信誉良好而驰名，其客户也多为显贵阶层，英国女王伊丽莎白二世也曾经是它的顾客之一。巴林银行集团的业务专长是企业融资和投资管理，业务网点主要在亚洲及拉美新兴国家和地区。1994年巴林银行的税前利润仍然高达1.5亿美元，银行曾经一度希望在中国拓展业务。然而，次年的一次金融投机彻底粉碎了该行的所有发展计划。

巴林银行破产的直接原因是新加坡巴林公司期货经理尼克·里森错误地判断了日本股市的走向。1995年1月份，日本经济呈现复苏势头，里森看好日本股市，分别在东京和大阪等地买进大量期货合同，希望在日经指数上升时赚取大额利润。天有不测风云，1995年1月17日突发的日本阪神地震打击了日本股市的回升势头，股价持续下跌。巴林银行因此损失金额高达14亿美元，这几乎是巴林银行当时的所有资产，这座曾经辉煌的金融大厦就此倒塌。巴林银行集团破产的消息震动了国际金融市场，各地股市受到不同程度的冲击，英镑汇率急剧下跌，对马克的汇率跌至历史最低水平。巴林银行事件对于欧美金融业的隐性影响不可估量。

事情表面看起来很简单，里森的判断失误是整个事件的导火线。然而，正是这次事件引起了全世界密切关注，金融衍生工具的高风险被广泛认识。从里森个人的判断失误到整个巴林银行的倒闭，伴随着金融衍生工具成倍放大的投资回报率的是同样成倍放大的投资风险。这是金融衍生工具本身的"杠杆"特性决定的。

（三）非理性投机

投机者是白银期货交易中不可缺少的组成部分，他们既是价格风险的承担者，也是价格发现的参与者，不仅促进价格的形成，而且提高市场流动性。

（四）市场机制是否健全

在运作中由于管理法规和机制不健全等原因，可能产生流动性风险、结算风险、交割风险等。这种不健全的机制会产生相应风险，并可能导致白银期货与现货市场间套利有效性的下降，导致白银期货功能难以正常发挥。

 三、白银期货风险管理有哪些特点？

1. 风险无限放大的可能性。由于白银期货交易不是实物交易，而是以保证金为担保的信用交易，这就埋下了高风险的种子。

2. 突发性。受损或倒闭的投资机构似乎一夜之间倾家荡产，如历史悠久的英国巴林银行因期货交易亏损而导致突然倒闭等。

3. 连锁反应性。白银市场是一个对信息高度敏感的市场，一旦某种风险发生，整个市场会做出迅速反应，相关金融市场也受影响。

四、白银期货投资失败的主要原因是什么？

通过对投资者投资白银失败原因的调查、分析后发现，重仓交易、亏损扛单交易、亏损摊平交易、过度（频繁）交易和心理素质不成熟五种行为是造成投资失败的主要因素，这也是投资者对风险防范、控制等措施重视不够造成的。

第一，重仓交易。它是指交易者不遵循资金管理原则，严重超仓交易，在方向不利时，损失较重。

第二，亏损扛单交易。它是指交易者手中的头寸已向不利方向发展而出现较大浮亏时不止损立场，仍然期待价格向自己有利的方向发展，最后造成重大亏损。

第三，亏损摊平交易。它是一种试图避免承认错误，而且在交易不利时，继续增加头寸，期望价格向自己有利的方向发展，并大赚一笔。

第四，过度（频繁）交易。它是指在交易时频繁进出，追求小额利润。

第五，交易者缺乏良好的心理素质。虽然影响交易者交易成功的原因多种多样，但是交易者的心理素质，在交易中起着十分重要的作用，在白银期货交易上大多数交易人士经常出现以下四种不成熟的心理因素：

（1）盲目跟风心理。交易者不经过自己分析、研究，跟着别人买或卖，缺少主见。

（2）贪得无厌的心理。这种心理往往导致买卖错失良机，因而遭受损失。

（3）赌博心理。交易者时常幻想一夜间变成百万富翁，通常不对行情作详细的分析，而又不拟定周密的计划，自己判定后，把所有资金全押上，结果事与愿违，大出所料。如果投资者没有事前的心理准备，后果不堪设想。

（4）犹豫心理。交易者决策优柔寡断，缺乏主见，本来打算平仓离场，结果看到别人没有平仓或是听到什么消息，又打消了决定，或者打算中、长期投资，但是中途看见价格回档，又怕到手利润还给市场，从而改变最初入市计划，这种忽东忽西的做法，投资者很难取胜获利。

五、白银期货市场投资如何进行风险防范？

当投资者认清市场的风险成因后，就应主动寻找防范投资风险的有效措施，保护资金的安全，投资者可以从以下方面采取措施规避相关风险。

（一）慎重选择代理公司

客户只能通过代理公司的代理参与交易，因此代理公司的选择正确与否与客户的利益紧密相关。

首先，客户在选择代理公司时，一定要审查清楚其是否具有从事交易代理的主体资格，并在工商局登记注册、领取营业执照。如果所选择的代理公司不具备代理的主体资格，这将直接导致委托代理合同无效的法律后果，从而使客户的正当权益受到损害。

其次，在确认该公司具有主体资格后，还要认真考察该公司的资信状况、从业人员的素质是否良好，具体可从这几个方面考察：该公司是否经过工商局的年检；该公司是否具备固定的经营场所和进行交易所必备的通讯设施及信息设备；是否有规范的公司章程以及开户所需的一系列法律文件；该公司的业务操作是否规范，从业人员的业务是否熟练、认真；了解该公司的财务状况是否良好；查看过去的营业记录等。

（二）熟悉白银期货知识

白银期货交易的特殊性，要求客户在进行交易前应熟悉业务的主要流程、运行机制、投资技能，充分认识交易的白银期货高风险性，了解白银品种的供求因素及现状，对该白银品种过去的价格走势、波动幅度、市场交易活跃程度、市场参与者的基本结构及交易特点进行分析、判断，这样才能做到心中有数，不盲目入市，防止市场风险超出自身承受能力。

（三）遵纪守法

了解白银交易的相关法律和规则，有助于客户明确自己的权利和义务，知道哪些应该做、哪些不应该做，从而更好地遵守法律、法规及交易的各项规章制度，规范自身行为，尽量避免违法、违规行为的发生。

（四）检查交易真实情况

公司代理客户进行交易，应当及时、准确地执行客户的指令，并提供详细资料以备客户核查。但是，也存在一些公司不遵循交易规则，采取私下对冲的方式将客户的交易指令中途截留；或者向客户提供虚假的成交价格，以获取真实价格与虚假价格之间的差价。为了防止这些损害客户利益的行为发生，客户应当随时检查交易是否符合规范的程序，是否将客户的指令准确、及时地下达到交易所场内，成交回报是否及时，成交价格是否正确，并且在当日交易结束后，查看公司向客户提供的成交清单及结算单，如有疑问一定要及时提出。只有这样，客户才能有效防止因代理公司运作不规范或其他从业人员欺诈、过失带来的风险。

（五）通过监管部门维护自身合法权益

当客户发现公司有侵权下单、允许客户透支交易等违法、违规行为，导致自身利益受到损害时，可以通过行政程序解决问题。我国工商行政管理机关对交易所、会员及代理公司具有审查、登记注册的职能，对其行为有一定监督、管理的权力，以保证市场的正常秩序。它有权对违反工商行政管理法规的交易所、代理公司及会员进行查处，有权依法取缔非法代理公司。如果客户发现不具有代理主体资格或者超越经营范围从事白银期货代理机构，或者发现期货公司有以虚假的广告宣传诱骗、误导投资者而给投资者带来重大经济损失行为时，可以向工商行政管理机关及时反映，维护自身的正当利益。

（六）选择具有保守、有常识、讲职业道德的交易员作自己的经纪人

经纪人所应具备的素质是不同的，实际上这些素质和你自身获得成功所需要的品质是互补的，经纪人应当是保守的，要有常识和良心。

1. 经纪人应当是保守的。他们的作用相当于一个理智的声音，制止你常常出现的对于某个市场动作的狂热盲从，作为一名交易和投资界的新手，你无时无刻都会遇到可能赢利的建议，你就在利润的旁边徘徊着，在你看来每个与市场有关的建议都很新鲜，都应立刻付诸行动，但是一名老到的经纪人早已遍阅了你今天看到的这一切，职业生涯早已让他洞悉有无数个可能会使你的钱离你而去的情形。一名好的经纪人会说服你平静下来，这样所有这些假想中的大赢利的机会就会悄然退去，也就无法使你的钱同你分开了。一名好的经纪人能够滤掉大量不良建议，而集中注意力于剩下的少数能够化为利润的好建议上。一个好的经纪人能够缓解投资者在错误的时刻或以错误的理由进入或退出市场的冲动情绪。

2. 优秀的经纪人所应具备的第二个特点是有常识。常识是指经纪人对这行业的基础知识，交易规则有详细的了解和认识，同时有一套对风险认识、预防、控制的方法，以及风险处理能力。

3. 经纪人必须具备职业道德。只有找到了一个以客户的利益为重的经纪人，才会在市场上占有优势。

（七）制定交易纪律，规避交易风险

1. 顺势交易是避开风险的第一要诀。入市之前应该有明确的交易计划，对行情要有明确的认识，是涨是跌，是买是卖，都要心中有数。

2. 做好资金管理。资金管理是规避风险，获取厚利的关键。

资金管理是指资金的配置问题，其中包括投资组合的设计、多样化的安排、在各个市场上应分配多少资金去交易、止损点的设计、报偿与风险比的

权衡以及选择保守稳健或积极大胆的交易方式等方面。

资金账户的大小、投资组合的搭配以及在每笔交易中的资金配置等，都能影响到最终的交易成绩。在交易模式中，资金管理是最重要的部分，甚至比交易方法本身还要关键。资金管理所要解决的问题，事关交易者在市场的生死存亡。它告诉交易者如何掌握好自己的钱财。作为成功的交易者，谁笑到最后，谁就笑得最好。资金管理恰恰增加了交易者生存下去的机会，而这也就是赢在最后的机会。

关于投资组合的管理问题比较复杂，乃至于必须借助复杂的统计学方法才能说得清楚。以下是一些一般性的要领：

第一，对进行资金分配以及决定每笔交易应在任何时候，交易者投入市场的资金都不应该超过其资本的一半，剩下的一半是储备，用来保证在交易不顺手的时候或临时支用时有备无患。

第二，在任何单个市场所投入的总资金必须限制在总资本的30%以内。

第三，在任何单个市场上的最大总亏损金额必须限制在总资本的5%以内。这个5%是指交易者在交易失败的情况下将承受的最大亏损。

第四，任何一个市场群类上所投入的保证金总额必须限制在总资本的30%以内。这一条禁忌的目的，是防止交易商在某一类市场中投入过多的本金。同一群类的市场，往往步调一致。例如，金市和银市是贵金属市场群类中的两个成员，它们通常处于一致的趋势下。如果我们把全部资金头寸注入同一群类的各个市场，就违背了多样化的风险分散原则。因此，我们应当控制投入同一商品群类的资金总额。

3. 设定合理头寸。一旦交易者打定主意在市场开立头寸，并且选准了入市时机，下面就该决定买卖多少张合约了。这里采用20%的规定，即把总资本（如100 000元）乘以20%，就得出在每笔交易中可以注入的金额。

4. 关注报偿与风险比例。报偿－风险比有一个通用的标准3∶1，在考虑一笔交易时，其获利的潜力至少3倍于可能的风险，我们才能够付诸实施。假定预期风险为1 000元，那么利润目标至少达到3 000元才行，报偿/风险比公式如下：

［目标价格－买进（卖出）价格］
［买进（卖出）价格－出场价格］

5. 复合头寸交易：跟势头寸与交易头寸。所谓复合头寸，是指我们把交易的单位分成交易头寸和跟势头寸两部分。跟势头寸部分图谋长期的有利之处，对于它们，我们设置较远的止损指令，为市场的巩固或调整留有充分的余地，从长期角度看，这些头寸才能够带来最大的利润。

在我们的投资组合中，特地留出部分交易头寸来从事频繁地的短线交易，如果市场已经达到第一目标，接近了短期阻力区（或支撑），同时一些指标也显示出超买（或超卖）状态，那么，我们就可以将交易头寸部分地平仓获利，或者安排接近的止损指令。其目的是要锁定或确保利润。如果之后趋势又恢复了，那么我们就把已平仓的头寸重新补回来。

6. 严格执行你的交易计划。在交易之前，要知道自己的目标，以及打算如何实现目标，这不仅你必须了解报偿/风险的关系，而且还必须考虑市场可能发生的所有状况，并拟定相关的对策。

制订交易计划时，必须决定你的头寸是属于当日平仓交易（头寸的建立与结束都在同一天之内）、短期交易（持有数天至数个星期）、中期投机（持有数个星期至数个月）、长期投资（持有数个月以上）。

上述决定可以让你了解应该专注于什么趋势，以及如何根据相关趋势设定止损，一旦决定之后，可以考虑所有可能的价格发展方向，并拟定每一情节的反应对策，即应该如何设定止损，在何处设定获利了结的目标价格，在何处追加头寸等。

 六、控制白银期货交易风险的主要措施是什么？

交易止损亦称止蚀，是指对浮动亏损达到一定程度的在手合约所采取的平仓行为。

止损指令的设置是一门艺术，交易者必须把价格图表上的技术性因素、资金管理方面的要求、品种特性、行情发展阶段、交易目的（短线、中线、长线交易）等进行综合考虑确定。从普遍意义上说，止损除了限制亏损数额外，还应起到保护利润的作用。

总之，止损是交易策略中不可缺少的部分，设定止损价位时，可重点考虑3个因素：（1）白银特性；（2）个人风险承受能力；（3）行情发展阶段。投资者在掌握了一些基本方法后，只要勇于实践，不断探索，灵活运用，定能找到一套行之有效的止损方法。

自测题

一、判断题

1. 为控制期货交易风险，在任何单个市场所投入的总资金必须限制在总资本的30%以内。（　　）

2. 为控制期货交易风险，在任何单个市场上的最大总亏损金额必须限制在总资本的5%以内。（　　）

3. 任何一个市场品类上所投入的保证金总额必须限制在总资本的30%以内。（　　）

4. 白银市场是一个对信息相对不敏感的市场，一旦某种风险发生，整个市场不会做出迅速反应，相关金融市场也不会受影响。（　　）

5. 投机者是白银期货交易中不可缺少的组成部分，他们既是价格风险的承担者，也是价格发现的参与者，不仅促进价格的形成，而且提高市场流动性。（　　）

二、不定项选择题

1. 从风险是否可控角度划分来看，白银期货市场风险有（　　）。
   A. 不可控风险　　　　　　　B. 可控风险
   C. 市场风险　　　　　　　　D. 流动性风险

2. 从风险成因划分，可将白银市场分为（　　）。
   A. 市场风险　　　　　　　　B. 信用风险
   C. 操作风险　　　　　　　　D. 法律风险

3. 从白银交易起源与白银期货交易特征分析，其风险成因主要有四个方面：（   ）。

  A. 价格波动   B. 保证金交易的杠杆效应

  C. 交易的非理性投机   D. 市场机制是否健全

4. 通过对投资者投资白银失败原因的调查、分析后发现，（   ）和心理素质不成熟等五种行为是造成投资失败的主要因素。

  A. 重仓交易   B. 亏损扛单交易

  C. 亏损摊平交易   D. 过度（频繁）交易

5. 资金量风险是指当投资者的资金无法满足保证金要求时，其持有的头寸面临的被（   ）的风险。

  A. 强制移仓   B. 强制平摊

  C. 强制平仓   D. 强制买开仓

参考答案

一、判断题

1. 对   2. 对   3. 对   4. 错   5. 对

二、不定项选择题

1. AB   2. ABCD   3. ABCD   4. ABCD   5. C

附录 1

关于进一步加强中央企业
金融衍生业务监管的通知

(2009年2月3日　国资发评价〔2009〕19号)

各中央企业：

　　自 2005 年国资委开展高风险业务清理工作以来，多数中央企业能够按照要求，审慎经营，规范操作，严格管控，有效防范经营风险。但也有少数企业对金融衍生工具的杠杆性、复杂性和风险性认识不足，存在侥幸和投机心理，贸然使用复杂的场外衍生产品，违规建仓，风险失控，产生巨额浮亏，严重危及企业持续经营和国有资产安全，造成不良影响。为进一步加强中央企业金融衍生业务监管，建立有效的风险防范机制，实现稳健经营，现就有关要求通知如下：

　　一、认真组织清理工作。纳入本次清理范围的金融衍生业务主要包括期货、期权、远期、掉期及其组合产品（含通过银行购买境外机构的金融衍生产品）。各中央企业要高度重视，认真组织开展全集团范围内在境内外从事的各类金融衍生业务的清理工作，凡已经从事金融衍生业务的企业，应当对审批程序、操作流程、岗位设置等内部控制和风险管理制度及执行情况等进行核查，对产品风险重新进行评估，不合规的要及时进行整改。经过国家有关部门批准的境外期货业务持证企业，应当对交易品种、持仓规模、持仓时间等进行审核检查，对于超范围经营、持仓规模过大、持仓时间过长等投机业务，应当立即停止，并限期退出；对于未经国家有关部门批准已经开展的业务，企业应及时补办相关审批手续，现阶段应逐步减少仓位或平仓，在未获得批准前不得开展新业务；对风险较高、已经出现较大浮亏的业务，企业应当加强仓位管理，尽力减少损失，不得再进行加仓或挪盘扩大风险；对属于套期保值范围内的，暂未出现浮亏，但规模较大、期限较长、不确定性因素较多、风险敞口较大的业务，企业应当进一步完善实时监测系统，建立逐日盯市制度，适时减仓，防止损失发生。各中央企业应当将金融衍生业务清理整顿情况于2009年3月15日前书面报告国资委（评价局），抄报派驻本企业监事会，内容包括金融衍生业务基本情况、内控制度、存在的问题以及整改措施等。未开展金融衍生业务的企业也应报告清理情况。

二、严格执行审批程序。金融衍生工具是一把"双刃剑"，运用不当会给企业带来巨额损失。各中央企业必须增强风险意识，严格审批程序，严把审核关口。企业开展金融衍生业务，应当报企业董事会或类似决策机构批准同意，企业董事会或类似决策机构要对选择的金融衍生工具、确定的套期保值额度、交易品种、止损限额以及不同级别人员的业务权限等内容进行认真审核。对于国家规定必须经有关部门批准许可的业务，应得到有关部门批准。集团总部应当指定专门机构对从事的金融衍生业务进行集中统一管理，并向国资委报备，内容包括开展业务的需求分析、产品的风险评估和专项风险管理制度等，并附董事会或类似决策机构的审核批准文件和国家有关部门批准文件。资产负债率高、经营严重亏损、现金流紧张的企业不得开展金融衍生业务。

三、严守套期保值原则。金融衍生业务前期投入少、价值波动大、风险较高、易发生较大损失，各中央企业要保持清醒认识，注重科学决策，审慎运用金融衍生工具，不得盲从，防止被诱惑和误导。要严格坚持套期保值原则，与现货的品种、规模、方向、期限相匹配，禁止任何形式的投机交易。应当选择与主业经营密切相关、符合套期会计处理要求的简单衍生产品，不得超越规定经营范围,不得从事风险及定价难以认知的复杂业务。持仓规模应当与现货及资金实力相适应,持仓规模不得超过同期保值范围现货的90%;以前年度金融衍生业务出现过严重亏损或新开展的企业,两年内持仓规模不得超过同期保值范围现货的50%;企业持仓时间一般不得超过12个月或现货合同规定的时间,不得盲目从事长期业务或展期。不得以个人名义(或个人账户)开展金融衍生业务。

四、切实有效管控风险。企业应当针对所从事的金融衍生业务的风险特性制定专项风险管理制度或手册,明确规定相关管理部门和人员的职责、业务种类、交易品种、业务规模、止损限额、独立的风险报告路径、应急处理预案等,覆盖事前防范、事中监控和事后处理的各个关键环节。要建立规范的授权审批制度,明确授权程序及授权额度,在人员职责发生变更时应及时中止授权或重新授权。对于场外期权及其他柜台业务等,必须由独立的第三方对交易品种、对手信用进行风险评估,审慎选择交易对手。对于单笔大额交易或期限较长交易必须要由第三方进行风险评估。要加强对银行账户和资金的管理,严格资金划拨和使用的审批程序。企业应当选择恰当的风险评估模型和监控系统,持续监控和报告各类风险,在市场波动剧烈或风险增大情况下,增加报告频度,并及时制订应对预案。要建立金融衍生业务审计监督体系,定期对企业金融衍生业务套期保值的规范性、内控机制的有效性、信息披露的真实性等方面进行监督检查。

五、规范业务操作流程。企业应当设置专门机构,配备专业人员,制订完善的业务流程和操作规范,实行专业化操作;要严格执行前、中、后台职责和人员分离原则,风险管理人员与交易人员、财务审计人员不得相互兼任;应当选择结构简单、流动性强、风险可控的金融衍生工具开展保值业务;从事境外金融衍生业务时,应当慎重选择代理机构和交易人员;企业内部估值结果要及时与交易对手核对,如出现重大差异要立即查明原因并采取有效措施;当市场发生重大变化或出现重大浮亏时要成立专门工作小组,及时建立应急机制,积极应对,妥善处理。

六、建立定期报告制度。从事金融衍生业务的企业应当于每季度终了10个工作日内向国资委报告业务持仓规模、资金使用、盈亏情况、套值保值效果、风险敞口评价、未来价格趋势、敏感性分析等情况;年度终了应当就全年业务开展情况和风险管理制度执行情况等形成专门报告，经中介机构出具专项审计意见后，随同企业年度财务决算报告一并报送国资委；对于发生重大亏损、浮亏超过止损限额、被强行平仓或发生法律纠纷等事项，企业应当在事项发生后3个工作日内向国资委报告相关情况，并对采取的应急处理措施及处理情况建立周报制度。对于持仓规模超过同期保值范围现货规模规定比例、持仓时间超过12个月等应当及时向国资委报备。集团总部应当就金融衍生业务明确分管领导和管理机构，与国资委有关厅局建立日常工作联系，年终上报年度工作总结报告，并由集团分管领导和主要负责人签字。

七、依法追究损失责任。各中央企业应当根据《中央企业资产损失责任追究暂行办法》（国资委令第20号）等有关规定，建立和完善损失责任追究制度，明确相关人员的责任，并加强对违规事项和重大资产损失的责任追究和处理力度。对于违反国家法律、法规或企业内部规章开展业务，或者疏于管理造成重大损失的相关人员，将按有关规定严肃处理，并依法追究企业负责人的责任。涉嫌犯罪的，依法移送司法机关处理。对于在日常监管工作中上报虚假信息、隐瞒资产损失、未按要求及时报告有关情况或者不配合监管工作的，将追究相关责任人责任。国资委将对业务规模较大、风险较高、浮亏较多，以及未按要求及时整改造成经营损失的企业，开展专项审计调查。对于发生重大损失、造成严重影响的企业，在业绩考核中予以扣分或降级处理。

各中央企业要高度重视金融衍生业务管理工作，审慎开展金融衍生业务，遵循套期保值原则，完善内部控制制度，建立切实有效的风险管理体系，积极防范经营风险，有效维护股东权益。

国务院国有资产监督管理委员会
2009年2月3日

附录 2

企业会计准则第 24 号——套期保值

(2006 年 2 月 15 日 财会〔2006〕3 号)

第一章 总 则

第一条 为了规范套期保值的确认和计量,根据《企业会计准则——基本准则》,制定本准则。

第二条 套期保值(以下简称套期),是指企业为规避外汇风险、利率风险、商品价格风险、股票价格风险、信用风险等,指定一项或一项以上套期工具,使套期工具的公允价值或现金流量变动,预期抵销被套期项目全部或部分公允价值或现金流量变动。

第三条 套期应当分为公允价值套期、现金流量套期和境外经营净投资套期。

(一)公允价值套期,是指对已确认资产或负债、尚未确认的确定承诺,或该资产或负债、尚未确认的确定承诺中可辨认部分的公允价值变动风险进行的套期。该类价值变动源于某类特定风险,且将影响企业的损益。

（二）现金流量套期，是指对现金流量变动风险进行的套期。该类现金流量变动源于与已确认资产或负债、很可能发生的预期交易有关的某类特定风险，且将影响企业的损益。

（三）境外经营净投资套期，是指对境外经营净投资外汇风险进行的套期。境外经营净投资，是指企业在境外经营净资产中的权益份额。

第四条　对于满足本准则第三章规定条件的套期，企业可运用套期会计方法进行处理。

套期会计方法，是指在相同会计期间将套期工具和被套期项目公允价值变动的抵销结果计入当期损益的方法。

第二章　套期工具和被套期项目

第五条　套期工具，是指企业为进行套期而指定的、其公允价值或现金流量变动预期可抵销被套期项目的公允价值或现金流量变动的衍生工具、非衍生金融资产或非衍生金融负债。其中，非衍生金融资产或非衍生金融负债仅与对外汇风险套期有关。

第六条　企业在确立套期关系时，应当将套期工具整体或其一定比例（不含套期工具剩余期限内的某一时段）进行指定，但下列情况除外：

（一）对于期权，企业可以将期权的内在价值和时间价值分开，只就内在价值变动将期权指定为套期工具；

（二）对于远期合同，企业可以将远期合同的利息和即期价格分开，只就即期价格变动将远期合同指定为套期工具。

第七条　企业通常可将单项衍生工具指定为对一种风险进行套期，但同时满足下列条件的，可以指定单项衍生工具对一种以上的风险进行套期：

（一）各项被套期风险可以清晰辨认；

（二）套期有效性可以证明；

（三）可以确保该衍生工具与不同风险头寸之间存在具体指定关系。

套期有效性，是指套期工具的公允价值或现金流量变动能够抵销被套期风险引起的被套期项目公允价值或现金流量变动的程度。

第八条　企业可以将两项或两项以上衍生工具的组合或该组合的一定比例指定为套期工具。

对于外汇风险套期，企业可以将两项或两项以上非衍生工具的组合或该组合的一定比例，或将衍生工具和非衍生工具的组合或该组合的一定比例指定为套期工具。

对于利率上下限期权或由一项发行的期权和一项购入的期权组成的期权，其实质相当于企业发行的一项期权的（即企业收取了净期权费），不能将其指定为套期工具。

第九条　被套期项目，是指使企业面临公允价值或现金流量变动风险，且被指定为被套期对象的下列项目：

（一）单项已确认资产、负债、确定承诺、很可能发生的预期交易，或境外经营净投资；

（二）一组具有类似风险特征的已确认资产、负债、确定承诺、很可能发生的预期交易，或境外经营净投资；

（三）分担同一被套期利率风险的金融资产或金融负债组合的一部分（仅适用于利率风险公允价值组合套期）。

确定承诺，是指在未来某特定日期或期间，以约定价格交换特定数量资源、具有法律约束力的协议。预期交易，是指尚未承诺但预期会发生的交易。

第十条　被套期风险是外汇风险或信用风险的，持有至到期投资可以指定为被套期项目。被套期风险是利率风险或提前还款风险的，持有至到期投资不能指定为被套期项目。

第十一条　企业集团内部交易形成的货币性项目的汇兑收益或损失，不能在合并财务报表中全额抵销的，该货币性项目的外汇风险可以在合并财务报表中指定为被套期项目。

企业集团内部很可能发生的预期交易，按照进行此项交易的主体的记账本位币以外的货币标价（即按外币标价），且相关的外汇风险将影响合并利润或损失的，该外汇风险可以在合并财务报表中指定为被套期项目。

第十二条　对于与金融资产或金融负债现金流量或公允价值的一部分相关的风险，其套期有效性可以计量的，企业可以就该风险将金融资产或金融负债指定为被套期项目。

第十三条　在金融资产或金融负债组合的利率风险公允价值套期中，可以将某货币金额（如人民币、美元或欧元金额）的资产或负债指定为被套期项目。

第十四条　企业可以将金融资产或金融负债现金流量的全部指定为被套期项目。但金融资产或金融负债现金流量的一部分被指定为被套期项目的，被指定部分的现金流量应当少于该金融资产或金融负债现金流量总额。

第十五条　非金融资产或非金融负债指定为被套期项目的，被套期风险应当是该非金融资产或非金融负债相关的全部风险或外汇风险。

第十六条　对具有类似风险特征的资产或负债组合进行套期时，该组合中的各单项资产或单项负债应当同时承担被套期风险，且该组合内各单项资产或单项负债由被套期风险引起的公允价值变动，应当预期与该组合由被套期风险引起的公允价值整体变动大致成比例。

第三章　套期确认和计量

第十七条　公允价值套期、现金流量套期或境外经营净投资套期同时满足下列条件的，才能运用本准则规定的套期会计方法进行处理：

（一）在套期开始时，企业对套期关系（即套期工具和被套期项目之间的关系）有正式指定，并准备了关于套期关系、风险管理目标和套期策略的正式书面文件。该文件至少载明了套期工具、被套期项目、被套期风险的性质以及套期有效性评价方法等内容。

套期必须与具体可辨认并被指定的风险有关，且最终影响企业的损益。

（二）该套期预期高度有效，且符合企业最初为该套期关系所确定的风险管理策略。

（三）对预期交易的现金流量套期，预期交易应当很可能发生，且必须使企业面临最终将影响损益的现金流量变动风险。

（四）套期有效性可以可靠计量。

（五）企业应当持续地对套期有效性进行评价，并确保该套期在套期关系被指定的会计期间内高度有效。

第十八条　套期同时满足下列条件的，企业应当认定其为高度有效：

（一）在套期开始及以后期间，该套期预期会高度有效地抵销套期指定期间被套期风险引起的公允价值或现金流量变动；

(二) 该套期的实际抵销结果在百分之十至百分之一百二十五的范围内。

第十九条 企业至少应当在编制中期或年度财务报告时对套期有效性进行评价。

第二十条 对利率风险进行套期的,企业可以通过编制金融资产和金融负债的到期时间表,标明每期的利率净风险,据此对套期有效性进行评价。

第二十一条 公允价值套期满足运用套期会计方法条件的,应当按照下列规定处理:

(一) 套期工具为衍生工具的,套期工具公允价值变动形成的利得或损失应当计入当期损益;套期工具为非衍生工具的,套期工具账面价值因汇率变动形成的利得或损失应当计入当期损益。

(二) 被套期项目因被套期风险形成的利得或损失应当计入当期损益,同时调整被套期项目的账面价值。被套期项目为按成本与可变现净值孰低进行后续计量的存货、按摊余成本进行后续计量的金融资产或可供出售金融资产的,也应当按此规定处理。

第二十二条 对于金融资产或金融负债组合一部分的利率风险公允价值套期,为符合本准则第二十一条(二)的要求,企业对被套期项目形成的利得或损失可以选择下列方法处理:

(一) 被套期项目在重新定价期间内是资产的,在资产负债表中资产项下单列项目反映(列在金融资产后),待终止确认时转销;

(二) 被套期项目在重新定价期间内是负债的,在资产负债表中负债项下单列项目反映(列在金融负债后),待终止确认时转销。

第二十三条 满足下列条件之一的,企业不应当再按照本准则第二十一条的规定进行处理:

(一) 套期工具已到期、被出售、合同终止或已行使。

套期工具展期或被另一项套期工具替换时,展期或替换是企业正式书面文件所载明的套期策略组成部分的,不作为已到期或合同终止处理。

(二) 该套期不再满足本准则所规定的运用套期会计方法的条件。

(三) 企业撤销了对套期关系的指定。

第二十四条 被套期项目是以摊余成本计量的金融工具的,按照本准则

第二十一条（二）对被套期项目账面价值所作的调整，应当按照调整日重新计算的实际利率在调整日至到期日的期间内进行摊销，计入当期损益。

对利率风险组合的公允价值套期，在资产负债表中单列的相关项目，也应当按照调整日重新计算的实际利率在调整日至相关的重新定价期间结束日的期间内摊销。采用实际利率法进行摊销不可行的，可以采用直线法进行摊销。

上述调整金额应当于金融工具到期日前摊销完毕；对于利率风险组合的公允价值套期，应当于相关重新定价期间结束日前摊销完毕。

第二十五条　被套期项目为尚未确认的确定承诺的，该确定承诺因被套期风险引起的公允价值变动累计额应当确认为一项资产或负债，相关的利得或损失应当计入当期损益；相关的套期工具公允价值变动也应当计入当期损益。

第二十六条　在购买资产或承担负债的确定承诺的公允价值套期中，该确定承诺因被套期风险引起的公允价值变动累计额（已确认为资产或负债），应当调整履行该确定承诺所取得的资产或承担的负债的初始确认金额。

第二十七条　现金流量套期满足运用套期会计方法条件的，应当按照下列规定处理：

（一）套期工具利得或损失中属于有效套期的部分，应当直接确认为所有者权益，并单列项目反映。该有效套期部分的金额，按照下列两项的绝对额较低者确定：

1. 套期工具自套期开始的累计利得或损失；

2. 被套期项目自套期开始的预计未来现金流量现值的累计变动额。

（二）套期工具利得或损失中属于无效套期的部分（即扣除直接确认为所有者权益后的其他利得或损失），应当计入当期损益。

（三）在风险管理策略的正式书面文件中，载明了在评价套期有效性时将排除套期工具的某部分利得或损失或相关现金流量影响的，被排除的该部分利得或损失的处理适用《企业会计准则第 22 号——金融工具确认和计量》。

对确定承诺的外汇风险进行的套期，企业可以作为现金流量套期或公允价值套期处理。

第二十八条 被套期项目为预期交易,且该预期交易使企业随后确认了一项金融资产或一项金融负债的,原直接确认为所有者权益的相关利得或损失,应当在该金融资产或金融负债影响企业损益的相同期间转出,计入当期损益。但是,企业预期原直接在所有者权益中确认的净损失全部或部分在未来会计期间不能弥补时,应当将不能弥补的部分转出,计入当期损益。

第二十九条 被套期项目为预期交易,且该预期交易使企业随后确认一项非金融资产或一项非金融负债的,企业可以选择下列方法处理:

(一)原直接在所有者权益中确认的相关利得或损失,应当在该非金融资产或非金融负债影响企业损益的相同期间转出,计入当期损益。但是,企业预期原直接在所有者权益中确认的净损失全部或部分在未来会计期间不能弥补时,应当将不能弥补的部分转出,计入当期损益。

(二)将原直接在所有者权益中确认的相关利得或损失转出,计入该非金融资产或非金融负债的初始确认金额。

非金融资产或非金融负债的预期交易形成了一项确定承诺时,该确定承诺满足运用本准则规定的套期会计方法条件的,也应当选择以上两种方式之一处理。

企业选择了以上两种处理方法之一作为会计政策后,应当一致地运用于相关的所有预期交易套期,不得随意变更。

第三十条 对于不属于本准则第二十八条和第二十九条涉及的现金流量套期,原直接计入所有者权益中的套期工具利得或损失,应当在被套期预期交易影响损益的相同期间转出,计入当期损益。

第三十一条 在下列情况下,企业不应当再按照本准则第二十七条至第三十条的规定处理:

(一)套期工具已到期、被出售、合同终止或已行使。此时,在套期有效期间直接计入所有者权益中的套期工具利得或损失不应当转出,直至预期交易实际发生时,再按照本准则第二十八条、第二十九条或第三十条的规定处理。

套期工具展期或被另一项套期工具替换,且展期或替换是企业正式书面文件所载明套期策略组成部分的,不作为已到期或合同终止处理。

（二）该套期不再满足运用本准则规定的套期会计方法的条件。此时，在套期有效期间直接计入所有者权益中的套期工具利得或损失不应当转出，直至预期交易实际发生时，再按照本准则第二十八条、第二十九条或第三十条的规定处理。

（三）预期交易预计不会发生。此时，在套期有效期间直接计入所有者权益中的套期工具利得或损失应当转出，计入当期损益。

（四）企业撤销了对套期关系的指定。对于预期交易套期，在套期有效期间直接计入所有者权益中的套期工具利得或损失不应当转出，直至预期交易实际发生或预计不会发生。预期交易实际发生的，应当按照本准则第二十八条、第二十九条或第三十条的规定处理；预期交易预计不会发生的，原直接计入所有者权益中的套期工具利得或损失应当转出，计入当期损益。

第三十二条　对境外经营净投资的套期，应当按照类似于现金流量套期会计处理规定处理：

（一）套期工具形成的利得或损失中属于有效套期的部分，应当直接确认为所有者权益，并单列项目反映。

境外经营处置时，上述在所有者权益中单列项目反映的套期工具利得或损失应当转出，计入当期损益。

（二）套期工具形成的利得或损失中属于无效套期的部分，应当计入当期损益。

后 记

本书是面向白银期货投资者的普及性读物,适合于白银产业链企业和普通投资者阅读。本书注意实用性、趣味性,以通俗易懂的语言、鲜明生动的案例将理论知识简单化,避免了理论知识阐述过程中的呆板僵硬。对白银企业而言,本书具有指导实务操作的作用,书中包含了大量套期保值、套利、风险管理的应用型案例,对企业应用白银期货有一定借鉴意义。对于普通投资者而言,本书以图文并茂的形式由浅入深地剖析白银,有助于投资者快速了解白银及白银市场。

需要注意的是:"期市有风险,入市需谨慎"。由于篇幅有限,本书无法一一列举企业或投资者在参与白银期货交易过程中所面临的各种情况和风险,同时,书中所列举的套期保值及套利流程、风险管理架构是基于通常情况下的设定,不同行业以及行业中的不同企业应该区别对待,企业在实际应用中应该结合经济形势、行业特点及自身经营情况,运用科学的方法,制定出适合自身的操作方案,切忌死搬硬套。对于个人投资者而言,则应在审慎评估自身的风险承受能力、专业知识水准,在熟悉市场特点的前提下入市投资,避免不必要的风险。

作为《期货投资者教育系列丛书》之一,本书由中国期货业协会投资教育部负责编写组织工作,余晓丽、刘保宁承担统筹任务。本书编写人员通过公开遴选,并经专家评审最终确定,招金期货有限公司高军、梁永慧、张玉龙、李晓杰、温凯迪和闫希辉等同志承担了本书编写任务,经易期货经纪有限公司邱涵仪同志、上海期货交易所赵莹同志对本书进行审阅并提供了宝贵意见。本书在编写过程中得到了中国证监会投资者保护局、中国期货业协会、上海期货交易所、招金期货有限公司领导的指导和帮助，在此表示衷心感谢。

书中错误之处，敬请批评指正。

中国期货业协会
《期货投资者教育系列丛书》编委会
2015 年 1 月 5 日